LE
TRANSPORTÉ

PAR

MÉRY

I

PARIS
GABRIEL ROUX ET CASSANET, ÉDITEURS,
24, rue des Grands-Augustins.

1852

LE
TRANSPORTÉ

Pour paraître incessamment
MÉMOIRES
DE
NINON DE L'ENCLOS

Sous Presse :

La Femme comme il faut, par Balzac ;
La Circé de Paris, par Méry ;
Le Confesseur de la Reine, par Clémence Robert ;
La Haine dans le Mariage, par Paul Féval ;
Le Comte de Carmagnola, par Molé-Gentilhomme ;
La Reine de Saba, par Emmanuel Gonzalès ;
La Haine d'une Morte, par Amédée Achard ;
L'Amant de Lucette, par H. de Kock ;
Le Cadet de Normandie, par Élie Berthet ;
Les Plaisirs du Roi, par Pierre Zaccone ;
L'Homme du Monde, par Frédéric de Sézanne ;
Mémoires d'une Femme du Peuple, par Roland Bauchery ;
L'Amoureux de la Reine, par Jules de Saint-Félix ;
Marquis et Marquise, par Eugène de Mirecourt ;
Un Roman, par le comte Armand de Pont-Martin ;
Une Fortune mystérieuse, par Ancelot ;
Le Benjamin, par Martial Boucheron.

HISTOIRE
DU ROI DE ROME
(DUC DE REICHSTADT),

Précédée d'un coup d'œil rétrospectif sur la Révolution, le Consulat et l'Empire,

PAR J.-M. CHOPIN,
AUTEUR DE L'HISTOIRE DES RÉVOLUTIONS DES PEUPLES DU NORD, ETC., ETC.,
OUVRAGE ILLUSTRÉ DE 15 BELLES GRAVURES SUR ACIER,
Dessinées par MM. Philippoteau, Jules David, Schopin, Baron, Staal.

CONDITIONS DE LA SOUSCRIPTION
L'Histoire du Roi de Rome, illustrée, forme 50 livraisons.
Le prix de la livraison est de 30 cent. pour Paris et 40 cent. pour la province.
L'ouvrage est complet.

PARIS. — IMPRIMERIE SCHNEIDER, RUE D'ERFURTH, 1.

LE

TRANSPORTÉ

PAR

MÉRY

I

————

PARIS
GABRIEL ROUX ET CASSANET, ÉDITEURS,
24, rue des Grands-Augustins.

1852

A
JOACHIM HOUNAU.

MON JEUNE AMI,

Sans votre permission je vous dédie ce livre par des motifs que son titre vous expliquera mieux que je ne puis le faire moi-même.

A l'inverse de beaucoup de publicistes, et désirant n'être pas de l'avis de tout le monde, j'envisage la transportation sous un jour nouveau et consolant. Ce livre est donc un remède que je vous offre ; une consolation écrite par un médecin moral, votre ami.

MÉRY.

Paris, 25 décembre 1848.

Lucrèce Dorio.

I.

En ce moment on est en train de démolir un vaste hôtel, à l'angle de la rue Ménars et de la rue Richelieu ; c'était autrefois une somptueuse résidence qui a subi la loi commune à tous les grands édifices parisiens.

Le palais d'un seul va devenir la demeure d'une foule : dans le jardin on coupe les arbres pour planter des maisons.

Cet hôtel était déjà divisé en plusieurs habitations, vers la fin de l'année 1800.

Le rez-de-chaussée avait pour locataire une femme frappée de célébrité, une jeune élève du Directoire, nommée Lucrèce Dorio, malgré les registres de l'État civil qui la nommaient autrement.

Depuis la mort du général Joubert, tué à la bataille de Novi quelques semaines après son mariage, beaucoup de jeunes femmes belles, oisives, et passionnées pour les toilettes de deuil, avaient embrassé la profession de veuves, et tenaient un rang fort distingué dans le monde galant.

Ces femmes avaient toutes dans leur salon de reception, un portrait d'officier supérieur peint par un élève de David d'après un médaillon.

Ce portrait, dont l'original avait oublié d'exister, représentait le mari tué dans les guerres italiennes, et la veuve le regardait souvent avec des yeux humides d'émotion, lorsqu'elle avait des spectateurs.

La jeune Lucrèce Dorio, dont plusieurs vieillards de soixante-huit ans parlent encore, et qu'ils ont admirée à la première représentation de l'opéra bouffe *I Zingari in Fiera*, était une superbe brune à l'image des statues divines que le premier consul envoyait d'Italie à Paris, comme un Olympe de marbre.

Vers cette époque de ferveur mythologique, une femme comparée dans *l'Almanach des Muses*, à Junon, à Vénus, à Flore, arrivait, entre deux hémistiches, à la célébrité parisienne, et voyait incessamment fumer dans sa retraite l'encensoir païen des quatrains.

Tel fut le destin classique de Lucrèce Dorio : chantée par M. Vigée dans une *héroïde*, elle fut proclamée déesse, à l'angle de la rue Ménars, et l'ombrageuse police qui exploitait alors très-habilement les déesses dans un intérêt de surveillance consulaire, mêla quelques-uns de ses affidés profanes au cortége des pieux adorateurs de Lucrèce Dorio.

Un soir de décembre 1800, la belle Lucrèce tisonnait devant sa cheminée de salon, comme une Vestale, et suivait le mouvement des aiguilles de sa pendule, avec un intérêt qui ressemblait à de l'ennui.

Deux candélabres, hérissés de bougies, illuminaient ce petit temple, et donnaient à la déesse un éclat de beauté fabuleuse.

Chaque pièce de l'ameublement était une imitation de l'antique.

Les fauteuils se déguisaient en chaises

curules, les guéridons en trépieds, les tables en autels, les bougeoirs en lampes sépulcrales.

On voyait sur les panneaux des portes des cimeterres en sautoir, agrafés par des liasses de foudres à dard, le tout surmonté d'un casque de consul avec un cimier éploré.

Tullie, la jeune camériste, entra familièrement, comme une confidente de comédie, et dit d'une voix prudente :

— Madame reçoit-elle ce soir ?

— Oui et non, — répondit Lucrèce, en se renversant nonchalamment sur sa chaise curule, et en croisant sur son sein ses beaux bras, antiquement nus, selon les mœurs du Directoire.

— Cela veut dire que madame ne recevra pas le citoyen Périclès? ajouta Tullie.

— Est-il venu? demanda Lucrèce.

— Il est dans l'antichambre...

— Que fait-il?

— Il souffle sur ses doigts, madame.

— Tullie, envoyez le citoyen Périclès à Feydeau, où je suis.

— C'est bien, madame est à Feydeau.

Tullie sortit pour exécuter cet ordre.

Quelques moments après, un coup de marteau retentit sur la porte extérieure, et Tullie rentra en disant en sourdine :

— Madame est-elle aussi à Feydeau pour le citoyen Georges Flamant?

— Ah! — dit Lucrèce avec un mouvement convulsif, — les dieux ne me délivreront pas de cet ennuyeux mortel!.... Dites à Georges Flamant que le froid m'a saisie hier, au Carrousel, à la revue du citoyen premier consul, et que mon médecin m'a ordonné le lit et la transpiration.

— Le citoyen Georges Flamant est un fin matois qui n'en croira pas un mot.

— Cela m'est bien égal, dit Lucrèce en congédiant d'un brusque mouvement de tête, sa femme de chambre.

Tullie s'inclina, frotta ses petites mains,

et sortit pour congédier le nouveau visiteur.

Lucrèce prit sur un trépied *l'Almanach des Grâces*, et lut une idylle, pleine de naïveté bocagère, intitulée la *Chaumine de Daphnis*, dont l'auteur était Marcel Chauvaron, capitaine dans les hussards de Berchigny.

A cette époque, la poésie champêtre était cultivée par les héros d'Arcole, de Lodi, de Marengo, et la poésie belliqueuse par de très-jeunes citoyens d'un caractère doux, qui écrivaient des poèmes épiques pour s'affranchir de la conscription.

L'auteur d'une épopée, appelé par le sort sous les drapeaux, se présentait au conseil de révision son manuscrit en douze chants à la main ; il se déshabillait à l'ordre du président, qui lui demandait ensuite :

— Quelle est votre infirmité naturelle ?

— J'ai fait un poème épique, répondait le conscrit, et il présentait son rouleau.

Le secrétaire du conseil l'ouvrait, et après avoir lu le premier vers toujours ainsi conçu :

Je chante les fureurs de Mars et de Bellone.

il disait au poète :

— Habillez-vous, poltron ; votre ouvrage sera examiné par l'Institut.

Après l'idylle, la belle Lucrèce commençait la lecture d'une héroïde sur les amours de Sapho, lorsque la voix de Tullie annonça le citoyen Alcibiade.

Lucrèce ferma le livre et demanda vivement à son miroir si l'ennui n'avait pas dérangé ses beaux cheveux, dessinés par le célèbre coiffeur Amiel, d'après la tête de la Vénus capitoline, dernier présent du premier consul au Musée du Louvre.

La femme de chambre comprit cette réponse, et introduisit le citoyen Alcibiade.

C'était un de ces *beaux* qui allaient se faire admirer par les dames romaines, au portique d'Octavie.

Seulement, le citoyen Alcibiade s'éloignait, par le costume, de ses modèles antiques.

Son habit d'un vert exagéré, secouait deux fleuves de boutons de nacre sur un vaste gilet à ramages, ouvert à deux battants.

Son menton s'absorbait dans le gouffre d'une cravate aux nœuds vagabonds.

Deux chaînes de montres absentes flottaient à la ceinture de sa culotte de casimir chamois, et ses cheveux pétris de poudre, se divisaient en cadenettes sur les tempes, et se rejoignaient dans un rouleau massif, sous le collet de l'habit vert.

Type de la jeunesse bourgeoise de 1800, le citoyen Alcibiade avait adopté des manières alertes et fringantes, en opposition tranchée avec l'antique raideur monarchique, et le collet monté de l'OEil-de-Bœuf.

On avait abandonné ces pompeuses exhibitions de l'individu aux acteurs pailletés de la Comédie Française.

Il y avait déjà l'abîme d'un siècle entre le bon ton traditionnel du marquis se transportant lui-même avec solennité comme une relique, et l'ébouriffant muscadin du Consulat, vive créature, prodiguant les gestes, les éclats de rire, les contorsions, dans des flots de poudre blanche et de madrigaux païens.

Le citoyen Alcibiade entra en fredonnant l'air du *Tableau* de Grétry, l'opéra du jour :

Non, jamais je ne changerai !

Et se dépouillant d'un vaste manteau à broderies d'or, il baisa la main de Lucrèce, prit un fauteuil, le fit pirouetter sur un de ses pieds, et s'assit lestement après la troisième évolution du fauteuil.

— Un temps abominable ! dit-il sans attendre la demande obligée.

Un vrai jour de nivôse. Décembre ne veut pas avoir l'air d'avoir usurpé son nouveau nom. Il pleut du blanc, comme disent les royalistes. Partout des rubans de neige. J'ai laissé mes pieds dans la rue

Richelieu. Pas un fiacre sur place ! Il y a pourtant cent cinquante voitures publiques à Paris ! Ma déesse a fort sagement fait de garder son temple ce soir.

— J'ai voulu me préparer à sortir demain, citoyen Alcibiade.

— Ah ! oui ! ma belle Cypris ! demain ! Grande soirée au théâtre de la République. Nous y serons tous. On chante *l'Oratorio* d'Haydn, la *Création du monde* parodiée en vers français, par le citoyen Ségur jeune, comme dit la *Gazette*. Le premier consul y sera.

— Et moi aussi, dit Lucrèce, j'y serai.

— Charmant ! s'écria le citoyen Alcibiade ; nous aurons Mars et Vénus à l'oratorio. Aussi, la *Gazette* annonce que le prix des places est doublé.

— Il faut bien venir au secours de ces pauvres théâtres qui meurent de faim et de froid, dit Lucrèce ; c'est le devoir des femmes. Les hommes sont aux armées et les petits écus en émigration.

— Il y avait foule hier, ma Phryné, à la première représentation d'*Owinska*, à Feydeau.

— Du citoyen Grétry ?

— Non, belle Aspasie, du citoyen Gaveaux. J'aime mieux son opéra de *l'Amour filial* ; mais madame Scio a chanté hier comme une sirène. On ne chante pas mieux dans l'Olympe quand Orphée y donne des concerts. J'étais dans la loge de Corinne, qui, parole d'honneur, a porté beaucoup de tort au succès de madame Scio.

— Corinne a chanté?

— Non, belle naïade; elle a suspendu à la ceinture de sa loge un châle que la favorite de Tippo-Saëb a vendu à un aristocrate anglais.

— La mode des châles ne prendra pas, — dit Lucrèce d'un ton dédaigneux; — une femme bien faite ne s'emprisonnera jamais dans ces nuages de coton indien. On n'a pas reçu des dieux une jolie taille pour la cacher en public.

— Voilà justement, ma Danaë, dit Alcibiade, ce que disait hier soir la blonde Lesbie, dans un entr'acte d'*Owinska*.

— Quelle langue parlez-vous ce soir! citoyen Alcibiade? — interrompit brusquement Lucrèce, — allez-vous passer devant moi la revue de vos maîtresses, comme Dorat, le poète sentimental, qui en avait cinq! (1)

— Vous me croyez donc bien fat, divine Lucrèce ! — dit Alcibiade en se levant sur la pointe d'un pied, avec une pirouette;

---

(1) Dorat commence ainsi une de ses pièces, dans la première édition de ses œuvres :

Il est passé le temps des cinq maîtresses.

La critique s'étant récriée contre ce nombre, le poète mit *trois maîtresses* à la seconde édition, et après une nouvelle exclamation satirique de Morellet, la troisième édition réduisit Dorat à *deux maîtresses*.

— quelle idée vulgaire avez-vous de moi ?
votre esprit de jeune sybille ne m'a donc
point deviné ? Montez sur votre trépied, ô
belle prêtresse, et abaissez-vous à lire dans
mon cœur.

— Je n'ai pas le temps de rendre des
oracles à domicile; j'attends une visite :
ouvrez vous-même le livre de votre cœur,
et si le chapitre n'est pas long, lisez-le-
moi.

— Vous attendez une visite, madame ?

— Oui, — dit la jeune femme, avec un
mouvement de dépit, — mais lisez toujours.

— Un jeune homme, sans doute ?...

— Non, un vieillard.

— Qui se nomme ?

— Maurice Dessains.

Lucrèce Dorio.

(SUITE.)

II.

— Un vieillard de vingt-deux ans ! dit Alcibiade.

— Poitrinaire au troisième degré. On est vieillard à tout âge, quand on doit mourir le lendemain.

— Ce pauvre Maurice est à la veille de sa mort, et il vous rend une visite aujourd'hui, avec ce froid noir qui me tue, moi, gros garçon vigoureux et incrusté dans la vie comme Hercule à trente ans !... Il y a quelque énigme là-dessous, mon beau sphynx. Je ne savais pas que le mont Cythéron se fût aplani dans un rez-de-chaussée de la rue Ménars. Prenez garde aux OEdipes de la police du préfet Dubois; ils devinent tout, et ils dévorent les sphynx.

— Alcibiade, taisez-vous ! — dit la jeune femme avec un regard sévère, et pleine d'émotion. — Nous sommes ici comme dans la rue, et la neige amortit le bruit des pieds des passants. Il y a des oreilles collées peut-être contre mes volets extérieurs...

— Pauvres oreilles ! je les plains comme celles de Midas, — dit Alcibiade en riant, — douze degrés au-dessous de zéro ! Les mouchards sont trop mal payés pour faire le pied de grue dans la neige ; ils savent que Maurice Dessains vient chez vous, et ils ne quitteront pas, ce soir, le coin de leur feu pour apprendre ce qu'ils n'ignorent pas.

— Maurice Dessains, — dit Lucrèce négligemment, — est donc un jeune homme bien dangereux ?

— Pour les femmes, non, mais pour le gouvernement, oui.

— Quelle plaisanterie ! — dit Lucrèce, avec un éclat de rire modulé sur des notes fausses ; — quoi ! Maurice Dessains, cette créature frêle, pâle, valétudinaire, est un danger pour le géant des Pyramides et de Marengo ! Alcibiade, vous êtes fou !

— C'est toujours l'injure qu'on jette à l'homme sage !... Pisistrate disait à Minerve : *Folle déesse, mère de la folle Athènes, pourquoi n'es-tu pas restée dans la tête de Jupiter !* Vous voyez comme de tout temps on a traité la sagesse !... Est-ce que je vous ai parlé du premier consul ? Qu'a de commun le citoyen Dubois avec le citoyen Bonaparte ! La police fait son métier de police ; elle travaille pour son compte ;

elle se croit le gouvernement ; elle se garde
d'abord elle-même, pour s'épargner une
chute dans le ruisseau. Le premier consul
est aux Tuileries, il s'occupe des funérailles
de Kléber et de Desaix ; des affaires du
général Menou, qui est en Égypte ; du
Trésor public, qui souffre ; de notre marine
aux abois ; de la société qu'il faut recons-
truire ; de l'Anglais, qui s'habille tour-à-
tour en Russe, en Allemand, en Hollandais
pour tracasser la France ; il s'occupe de
tout enfin, excepté de la police, de la rue
Ménars et du valétudinaire; votre ami, qui
doit mourir demain.

— C'est bien, Alcibiade, je vous pardonne vos épigrammes en faveur de votre

enthousiasme pour le premier consul ; mais vous avez oublié une chose, la seule intéressante ici ; dites-moi quel danger fait courir à la police du citoyen Dubois ce pauvre Maurice Dessains ?

— Parbleu ! votre Maurice est un conspirateur jacobin qui joue le rôle de poitrinaire, comme Brutus jouait le rôle de fou...

— Maurice conspire... et contre qui ? reprit Lucrèce Dorio.

— Belle demande ! contre le premier consul !... Ce n'est pas contre l'empereur de la Chine.

— Oh ! c'est une atroce calomnie, citoyen Alcibiade ! Si vous n'êtes que l'écho, je vous pardonne ; mais si vous êtes la voix, sortez !

— Alors, je reste, — dit froidement Alcibiade, on ne chasse pas un écho.

La figure de Lucrèce avait pris une expression singulière qui traduisait dans ses nuances et ses lignes une foule de ses sentiments.

La nonchalante déesse redevenait mortelle, avec toutes les heureuses passions de la femme : une pâleur subite effaçait l'incarnat savoureux de ses joues et de ses lèvres ; des étincelles électriques jaillissaient de ses beaux yeux noirs ; un frisson courait sur ses épaules nues, et ses petites mains se crispaient en serrant les têtes de griffons de son fauteuil.

Le citoyen Alcibiade, debout et mollement appuyé contre la cheminée, croisait, avec grâce, deux bas de soie, étirés dans toute leur longueur, du genou à l'escarpin, et regardait le plafond, comme on regarde le ciel pour voir si la fin de l'orage approche.

— Belle Lucrèce, — dit-il, après un moment de silence, — du haut de l'Olympe où vous êtes, vous ne voyez pas les petites choses de la terre. Assise au banquet des dieux, vous ignorez ce que font les hommes : eh bien ! permettez-moi de vous l'apprendre.

A Paris, on conspire partout. Les chouans du treize vendémiaire conspirent; les thermidoriens conspirent; les émigrés conspirent; enfin, on affirme que Bonaparte, contre lequel tout le monde conspire, conspire lui-même pour ramener aux Tuileries le premier Bourbon qui lui tombera sous la main...

— Et vous ajoutez foi à toutes ces horreurs? — interrompit la jeune femme.

— Je crois le vrai, je repousse le faux, répondit tranquillement Alcibiade; il y a des complots organisés, c'est incontestable. Le calme est à la surface, l'orage est au fond : il remontera, j'en suis sûr. Soyez prudente; c'est un conseil d'ami que je vous donne. Laissez conspirer les hommes à leur aise, puisque c'est leur manie, mais écartez les conspirateurs de votre gynécée. *L'arme de la femme*, a dit un ancien, *est une aiguille et non pas un poignard.* Vous me trouvez bien sérieux, ce soir, ma belle Lucrèce; mais permettez-moi de cesser de rire un instant, parce que je sais trop que nous nous égorgerons demain.

— Et comment êtes-vous si bien instruit de ce que tout le monde ignore ? — dit Lucrèce avec un sourire ironique, — vous, jeune homme de dissipation, de folle vie, de plaisirs ténébreux ? vous, l'insouciant libertin qui ne fréquentez dans Paris, que des femmes de galant renom, et qui ne lisez dans les gazettes que l'annonce des spectacles du soir?

— Ah! c'est précisément mon genre de vie qui me donne la connaissance de tout, ma divine Lucrèce, et si vous ne m'aviez pas interrompu, tout-à-l'heure, avec les cinq maîtresses du poète Dorat, vous sauriez déjà quel homme je suis sous l'enveloppe d'un berger de ville, endimanché par Watteau.

— Voilà qui promet beaucoup à la curiosité d'une femme, dit Lucrèce en souriant; regardez ma pendule, elle a dix minutes à vous donner.

— Votre pendule est bien avare, ce soir, madame, mais je ne prendrai que la moitié de ses dons. Ce sera beaucoup trop encore pour vous expliquer comment le genre de vie que je mène m'initie à tous les secrets des misères de la femme et des étourderies du conspirateur, dans l'étrange époque où nous vivons.

La jeune femme appuya sa tête sur le dossier de son fauteuil, pour prendre une pose favorable d'audition. Alcibiade poursuivit ainsi :

— Je suis né, belle Lucrèce, pour aimer le vice, et un jour de bonne réflexion, je me suis effrayé de ce penchant naturel. J'ai voulu combattre ; j'ai été vaincu. Le vice a été le plus fort. Alors, j'ai dit : le vice n'est peut-être pas aussi vicieux qu'on le pense : la bonne nature, en le créant avec prodigalité, a eu sans doute une intention mystérieuse qu'il faut découvrir. Ainsi raisonnant, je suis arrivé à cette conclusion : le vice est l'engrais qui fait germer la vertu. En regardant autour de moi, j'ai vu beaucoup de jeunes femmes, perdues d'honneur et devenues marchandises vivantes ; quelle cause, me suis-je demandé, a produit tant de hontes publiques ? Les froids sophistes m'ont répondu : « Ces femmes sont nées avec de mauvais penchants ; ce sont des victimes de leurs passions. » La réponse ne m'a pas satisfait. J'ai mieux aimé interroger les victimes, et il m'a été démontré que la misère était la source du mal. Douze ans de malheurs viennent de passer sur nous. Le travail a cessé de nourir les pauvres familles. Il a fallu se battre au-dedans et au-dehors. Les hommes ont disparu ; mais les orphelins restent. Il n'y a plus de couvents, on les a vendus pour faire des assignats. Quelle ressource peuvent trouver ces jeunes filles? La rivière ou la prostitution. Toutes n'ont pas le courage de mourir ; elles se vendent et elles vivent, c'est plus aisé...

— Cela suffit, — interrompit Lucrèce, en recueillant dans son mouchoir deux perles qui tombaient de ses yeux.

— Voilà un sujet de conversation intolérable pour moi !

Et la jeune femme roidissant son bras, et ramenant sa main sur son front, ajouta :

— Les hommes vivent de révolutions, de guerre civile, de batailles, d'échafauds ; ils enlèvent aux femmes leurs pères, leurs frères, leurs maris, et ils nous flétrissent ensuite, quand nous devenons ce qu'ils nous ont faites !... En quel horrible temps vivons-nous !

— Belle Lucrèce, — dit Alcibiade, en regardant la pendule, — mon sursis est expiré. Je vous ai exposé le commencement de ma théorie, j'espère un jour vous en démontrer la fin, en action. Tenez-vous joyeuse, et reprenez vos sourires. La tristesse ne doit jamais sortir du fond du cœur, et il faut toujours que notre visage soutienne son mensonge de gaîté devant nos amis et notre miroir.

— Adieu, Alcibiade, — dit Lucrèce avec émotion ; vous valez mieux que votre renommée...

— Et vous aussi, Lucrèce... nous nous connaissons.

Le citoyen Alcibiade s'enveloppa de son manteau, tendit sa main à Lucrèce, à travers une masse flottante de gros drap bleu, et dit en sortant : — A demain, à l'oratotorio d'Haydn.

L'écueil du conspirateur.

III.

Comme toutes les jeunes femmes qui affectent une grande gaîté devant des témoins, Lucrèce redevint profondément triste quand elle se retrouva seule.

Le bruit sourd que fait une voiture, en

roulant sur un pavé couvert de neige, la fit tressaillir au milieu de ses réflexions.

Elle se leva vivement, courut à la fenêtre et prêta l'oreille au dehors.

Cette fois, Tullie ouvrit la porte du salon, et n'annonça personne.

Un jeune homme entra, fit un salut respectueux et prit place au fauteuil désigné.

C'était Maurice Dessains; sa figure pâle et sérieuse traduisait les souffrances de l'ame et du corps; l'abattement se peignait dans tous ses membres; la vie semblait s'être réfugiée dans ses yeux noirs, où elle flamboyait de cet éclat désespéré dont brille le feu qui va s'éteindre.

Ses cheveux, taillés jusqu'à la racine,

laissaient à découvert cette forme de tête séraphique, où fermente l'exaltation ; il portait le costume sévère des puritains du jour.

L'étroite houppelande brune, à large collet, boutonnée jusqu'au menton.

Une distinction suprême accompagnait chaque mouvement et chaque geste de ce jeune homme, qu'une sensibilité trop précoce et les terribles émotions d'une période de sang avaient changé en vieillard.

— Vraiment, je ne vous attendais pas ce soir, Maurice, dit la jeune femme en activant le feu de la cheminée.

Le temps est horrible... c'est bien imprudent à vous de sortir... Comment vous trouvez-vous aujourd'hui?

Un sourire triste comme un rayon d'automne traversa le visage de Maurice.

— Je vais de mieux en mieux, dit-il d'une voix altérée; je sens que ma guérison approche. Ou ne souffre pas longtemps quand on souffre beaucoup... On meurt, c'est la plus sûre des guérisons.

— Peut-on parler ainsi, à votre âge!— dit Lucrèce, avec une voix qui s'efforçait de vaincre son émotion.

— Chez vous, l'âme est en lutte avec le corps; le docteur Broussais vous l'a dit : l'une est forte, l'autre faible. Rétablissez l'équilibre par le repos et le calme. Affaiblissez l'esprit, et vous fortifierez le corps. La médecine a souvent raison.

— C'est mon avis... elle m'a condamné.

— Vous mentez, Maurice!... Hier, j'ai encore consulté pour vous le docteur Rigal qui a étudié votre état, et qui connaît très-bien votre organisation. Il m'a fait beaucoup de demandes sur le genre de vie que vous meniez. J'ai répondu à tout, avec franchise, comme un témoin devant un tribunal. Je tenais à être éclairée, et je ne voulais pas provoquer, par des mensonges, une réponse rassurante qui ne m'aurait point rassurée du tout. Or, le docteur Rigal pense, comme le docteur Broussais, que votre jeunesse est pleine de généreuses ressources qui vous sauveront, si quelque désespoir mystérieux n'a pas intérêt à changer votre maladie en suicide... Maurice, je n'admettrai jamais cette dernière et horrible supposition.

— Vous avez raison, Lucrèce, — dit le jeune homme, avec un ton ironique ; — moi, vouloir sortir de la vie par la porte d'un suicide que la nature a la bonté de m'ouvrir ! quelle aberration ! les hommes qui portent sur eux des mains violentes sont des infortunés qui fléchissent sous le fardeau de la vie, et tombent, avec l'espoir de se relever dans un monde meilleur, ou de savourer, à leur dernier soupir, l'éternité du néant ; mais, moi, quelle raison me conseillerait un suicide! Je suis orphelin, pauvre, souffrant, déshérité; j'ai ouvert mes lèvres d'adolescent à l'air de la liberté, et la liberté meurt ou va mourir; j'ai rempli ma tête de rêves et d'illusions sublimes, et l'ouragan venu d'Égypte a balayé ce mirage, devant moi, le 18 brumaire, à l'orangerie de Saint-Cloud! j'ai cherché mon père dans les préaux de toutes les prisons, dans l'égoût sanglant de tous les échafauds, dans les herbes de tous les cimetières, et je n'ai trouvé partout que des ossements ou des cadavres sans nom! et vous voudriez que j'abandonne follement les douceurs d'une pareille vie! Moi! un déserteur de la félicité!

oh! je ne commettrais pas ce crime d'ingratitude envers le destin ; je laisse le suicide aux malheureux ; mes béatitudes rejettent bien loin la consolation de la mort.

—L'ironie de l'enfer est peinte sur votre figure ! — dit Lucrèce en regardant, avec épouvante, le visage de Maurice. — L'imprudent! il se poignarde en parlant ainsi !

Et prenant cette voix d'or où vibrent toutes les tendresses de la femme, elle ajouta :

—Maurice, vous n'aimez donc plus personne dans ce monde... pas même ceux qui vous aiment?... Le suicide est le dernier effort de l'égoïsme. Celui qui se tue volontairement s'est habitué à se croire seul ici-bas; il ne voit personne autour de son orgueil; il ne s'informe point si l'arme qui le tue ne peut tuer que lui du même coup... Maurice, est-vous ainsi fait?

—Lucrèce,—dit le jeune homme d'un ton lent et mélancolique, — vous attribuez toujours ma tristesse incurable à des causes qui n'existent pas. Je mourrai, si Dieu le veut, mais je ne commettrai pas le crime d'accélérer ma mort... Toutefois, si je la rencontre, je ne la fuirai pas...

—Vous partez donc pour l'armée, Maurice? — demanda vivement Lucrèce, en saisissant les mains du jeune homme.

— Plût à Dieu! Lucrèce... Heureux les vaillants qui sont tombés pour la République à côté du noble Desaix ou de Dupetit-Thouars, vainqueurs ou vaincus, toujours glorieusement, à Marengo ou à Aboukir!.. Moi... cela m'est refusé!... A la première étape, mes pieds fléchiraient sous l'armure du soldat! Avant le champ de bataille, je trouverais l'Hôtel-Dieu...

— Alors, Maurice, vous avez un duel : — dit la jeune femme, en jetant ses bras autour du col du jeune homme, et avec un accent ineffable de sensibilité — vous avez un duel ?

— Non, Lucrèce, non.

— Ce *non* est bien timide, Maurice; les femmes devinent tout, quand les hommes se taisent. Vous avez un duel, avec quelque chouan du 13 vendémiaire, avec quelque fils de thermidorien, avec quelque soldat de l'orangerie de Saint-Cloud ? On n'entend parler que de cela dans Paris ! C'est la guerre civile en détail...

— Vous vous trompez, Lucrèce, — interrompit Maurice avec un sourire forcé, — si vous êtes assez bonne pour prendre quelque souci d'un pauvre malade, ne cherchez point le péril là où il n'est pas.

— Et où est le péril ?

— Le péril !... — répondit Maurice avec un embarras mal déguisé... — il y a toujours du péril quelque part, au temps où nous vivons... le péril court les rues depuis dix ans...

— Si cela est ainsi,—dit la jeune femme en se levant, vous ne sortirez pas de chez moi; je vous garde à vue; vous êtes mon prisonnier.

A cette menace, Maurice ne put réprimer un mouvement involontaire qui n'échappa point à Lucrèce, et justifia ses soupçons.

— Ecoutez-moi, Lucrèce,— dit Maurice en affectant du calme, — vous saurez toute la vérité... Mais attendez un jour encore... Demain soir, je vous apprendrai tout.....
Maintenant, j'ai de grands devoirs à remplir, et...

— De grands devoirs! — interrompit

Lucrèce, — je n'attendrai pas demain pour les connaître. Je les connais.

— Impossible! — dit Maurice en fixant ses regards sur le visage de Lucrèce.

— Impossible, dites-vous, Maurice? Eh bien! vous allez voir!.... Vous conspirez contre le premier Consul!...

Maurice bondit sur son fauteuil, et une rougeur vive colora sa pâle figure d'agonisant.

— Ah! — poursuivit Lucrèce, — pauvre jeune homme, vous ne savez pas tromper, vous ne savez pas mentir! Vos lèvres tremblent et ne parlent pas : vous avez des paroles toutes prêtes pour la franchise, vous n'en trouvez point pour la dissimulation... Il conspire, ce malheureux!

Maurice garda un silence morne, et sa tête s'inclina sur sa poitrine.

L'homme le plus fort devant les hommes est toujours le plus faible devant les femmes, et *vice versâ*.

— Sommes-nous folles quelquefois! — ajouta Lucrèce avec un rire faux, — on aime un homme, non pas parce qu'il est pauvre, malade, orphelin; on l'aime pour l'accabler de soins, pour veiller à sa vie, pour être son infirmière, sa sœur de charité; voilà la récompense! On prend souci d'une tête qui doit passer des mains d'une femme aux mains du bourreau!

— Lucrèce ! Lucrèce ! — dit Maurice d'un ton déchirant, — vous me tuez avant lui !

— Maurice, parlez-moi, contez-moi tout, — dit Lucrèce, en mettant dans son organe toutes ces notes caressantes qui arrachent les plus dangereuses confidences de l'abîme du cœur.

— Maurice, comment vous est-elle venue cette fatale idée ? quels faux amis vous ont attiré dans ces repaires où se forgent les armes de l'assassinat ?

Une plainte stridente sortit de la poitrine du jeune homme.

Il mit sa main sur la bouche de Lucrèce pour arrêter sa parole, et, faisant un violent effort :

— Lucrèce, dit-il, vous ne pouvez comprendre ces choses-là... Vous ne souffrez pas comme nous des malheurs du temps!... quand la liberté, payée par le sang de nos pères va périr, le devoir des hommes...

— Oh ! ne parlez pas ainsi aux femmes — interrompit vivement Lucrèce ; — elles ne vous comprennent pas. Toujours du sang pour payer du sang ! des morts pour venger des morts ! Cela ne finira donc jamais ! Comment voulez-vous que les femmes comprennent cette logique qui perpétue à l'infini le deuil et le sang au nom de la fraternité ? Notre intelligence ne s'élève pas si haut. Plaignez-nous.

— Lucrèce ! Lucrèce ! il faut frapper un coup, et ce sera le dernier !

— Maurice ! Caïn disait la même chose, il y a six mille ans !... Tout meurtrier sème un vengeur.

— Adieu, Lucrèce, — dit le jeune homme en se levant ; — adieu, nous nous reverrons demain.

Lucrèce courut à la porte, la ferma vivement et retira la clé.

— Vous ne sortirez pas, vous dis-je ; vous ne sortirez pas, — dit-elle d'un ton de reine. — Voyons, que comptez-vous faire demain ?

— Lucrèce, je vous jure que j'ignore les secrets de la conspiration; ce que je sais seulement, le voici : Demain, un grand coup se frappera; le parti vaincu au 13 vendémiaire et le parti vaincu au 9 thermidor doivent se soulever dans une commune insurrection contre l'ennemi commun, et, après la bataille, nous verrons qui règnera du chouan ou du républicain.

— Folie atroce! A quelle monstrueuse combinaison vous associez-vous, Maurice?

— Que nous importe la couleur de nos auxiliaires, si la liberté triomphe demain!

— Triomphe par l'assassinat du premier consul?... Achevez donc votre confidence ; allez jusqu'au bout !

Maurice fit un geste plein de dignité, et dit :

— Lucrèce, nous livrerons une bataille ; nous n'assassinerons pas ! Si je savais qu'un lâche poignard dût se lever contre Bonaparte, mon bras désarmerait l'assassin, ou ma poitrine recevrait le coup.

— Ce malheureux enfant ! — dit Lucrèce en tordant ses bras sur sa tête, — voilà le calme qu'il se donne pour guérir ! Maurice, prends pitié de toi ; ta vie n'a plus qu'un souffle, et...

— Et je le sais bien ! interrompit le jeune homme ; aussi veux-je donner ce dernier souffle à la République. J'étais né avec de nobles idées, avec une vocation pour les grandes choses, Dieu m'a refusé la force du corps sans laquelle il n'y a point de héros. Eh bien! une occasion se présente, pour moi, de résumer en un seul jour une longue vie glorieuse, je saisirai cette occasion. J'offre mon agonie à la République, et je meurs, le sourire au front, en songeant que la République vivra.

La jeune femme, assise, et la tête appuyée sur ses mains, semblait absorbée dans une mystérieuse méditation.

Maurice la regarda quelque temps avec un intérêt tendre; puis, son regard s'étant arrêté sur la pendule, il tressaillit, comme un homme qui vient d'être averti par l'heure qu'un rendez-vous solennel est manqué.

Il s'approcha lentement de la fenêtre, sans que le bruit de ses pieds, amorti par le tapis, excitât l'attention de Lucrèce, et ouvrant la vitre avec une dextérité prompte, il s'élança dans la rue, en criant son adieu !

Lucrèce se leva, tendit ses mains vers la fenêtre, et réprima un cri, par une inspiration de prudence.

Tout-à-coup ses yeux s'illuminèrent de l'éclair d'une pensée ; elle fit de la main un geste énergique, comme si elle eût répondu à un invisible contradicteur, et s'asseyant devant un guéridon, elle écrivit un billet de deux lignes, et le cacheta.

L'adresse écrite, elle ouvrit sa porte et sonna.

— Tullie, — dit-elle à sa femme de chambre qui entrait, — les fenêtres du rez-de-chaussée servent de porte au besoin ; Maurice vient de sortir par là pour économiser mon portier... Fermez cette fenêtre, Tullie... Bien !... Écoutez, Tullie, croyez-vous que mon portier sache lire ?

— Quelle idée ! — dit Tullie en riant aux éclats, — est-ce qu'il serait portier, s'il s'avait lire ? (1)

---

(1) Cela ne regarde que les portiers de 1800, comme on le pense bien.

— C'est juste, Tullie... Alors, il n'y a pas de danger d'inscrétion... donnez ce billet au portier, et dites-lui d'aller le jeter tout de suite à la petite poste du Palais-National... Tout de suite, entendez-vous bien.

— Le citoyen Georges Flamant vous a fait une seconde visite, — dit Tullie en prenant le billet et marchant vers la porte.

— Il a demandé des nouvelles de votre santé.

— Bien, Tullie! ne perdez pas de temps; portez cette lettre, et rentrez tout de suite pour me déshabiller.

Cette lettre historique était adressé à la

femme du premier consul, à Joséphine, et elle était ainsi conçue :

« Une grande conspiration doit éclater. Que la garde consulaire veille ! »

(Sans signature.)

La nuit du 23 au 24 décembre est ordinairement la plus longue de toutes les nuits, mais cette fois, elle eut les proportions de l'éternité dans l'alcôve où la belle Lucrèce attendit vainement le repos ou le sommeil.

Une revue du premier consul.

IV.

Il y avait ce jour-là une immense foule de curieux sur la place du Carrousel et aux fenêtres des hôtels, des maisons et des masures qui obstruaient alors toutes les issues des Tuileries et du Louvre.

C'était une de ces fêtes militaires comme en donnait souvent le premier consul à ses soldats et aux Parisiens.

Bonaparte passait en revue sa garde consulaire et deux régiments de cavalerie, arrivés avec les trophées de la victoire de Hohenlinden.

Rien aujourd'hui ne saurait donner une idée de l'enthousiasme qui éclatait à ces solennités héroïques, où le général et le soldat se rendaient une mutuelle visite, dans l'entr'acte de deux victoires, sur la place du Carrousel.

Les spectateurs de ces merveilleuses scènes comprenaient qu'un monde nouveau était découvert, le monde de la gloire!

Et après tant de jours de sang et de terreur, ils croyaient ressusciter d'entre les morts, en voyant luire l'aube des jours sereins dans les drapeaux du Thabor, la montagne de Dieu, et d'Héliopolis, la ville du soleil.

Le peuple qui, à force de se souvenir des échafauds, semblait avoir oublié la liberté, respirait, avec la joie du convalescent, cette atmosphère nouvelle que les soldats lui rapportaient du fond de la mer Adriatique, du sommet des Alpes, des jardins de l'Italie, des plages d'Aboukir.

Le peuple suivait sur la carte d'Europe et d'Afrique toutes les glorieuses étapes de nos armées.

Il s'exaltait à la lecture des bulletins; il tressaillait à cette multitude d'échos se renvoyant à l'infini des noms de victoires, de la crête des Apennins à la cime des Pyramides.

Et quand il s'était enivré de cette épopée fabuleuse, il la voyait apparaître, en histoire vivante, dans l'hippodrome du Carrousel, avec ses légions de géants, ses trophées conquis dans les temples du Tibre et du Nil.

Avec les glorieux baillons de ses bannières que tout un monde venait de saluer à genoux.

C'est alors que les acclamations s'élevaient plus vives encore, quand, sur le front des colonnes républicaines, passait, à cheval, le jeune héros dont le nom était déjà connu dans ces solitudes orientales que traversèrent Alexandre et César.

La joie du peuple arrivait au délire; toutes les têtes s'inclinaient de respect, avec les bannières des légions; tous les visages se mouillaient de larmes; toutes les mains se tendaient vers le glorieux vainqueur de Marengo et du Thabor.

Et lui, calme dans cette fête comme dans une bataille, mystérieux comme l'avenir, consolant comme l'espoir, traversait, avec une simplicité sublime, cette éruption d'enthousiasme populaire, et semblait chercher au livre du ciel les destinées promises par cette étoile qu'il avait vue, comme les Mages, se lever sous le palmier de l'orient.

La revue terminée, le premier consul s'arrêta devant le deuxième régiment de carabiniers, pour adresser quelques paroles de félicitations à ce corps, qui s'était couvert de gloire à la bataille d'Hochstett.

Au même instant, un homme sortit d'un groupe de curieux et s'élança vers Bonaparte ; deux cavaliers lui barrèrent le chemin, et des surveillants de police s'emparèrent de lui.

La découverte du complot tout récent d'Aréna et de Ceracchi justifiait cettes évérité de vigilance, car, en ce moment, aucune vie n'était plus précieuse que celle du premier consul.

— Je vous dis qu'il faut que je parle au premier consul! cria d'une voix de tonnerre l'homme suspect qu'on venait d'arrêter.

Le costume de cet homme annonçait un marin.

Et son accent formidable, ses yeux noirs en éruption, son teint d'un brun tropical, ses gestes traducteurs des paroles, annonçaient un marin du Midi.

Les curieux, qui obstruaient le guichet du Carrousel où se passait la scène, accoururent en foule; et, dans ce nombre, on aurait pu remarquer des gens qui paraissaient décidés à saisir une occasion quelconque de trouble pour improviser ou pour terminer une conspiration.

Le premier consul ne jeta qu'un regard rapide de ce côté; il fit signe au général Duroc, et lui dit :

« — C'est un des nos braves Égyptiens, va le délivrer. »

Duroc obéit; et, quoiqu'il n'eût pas au même degré que Bonaparte cette merveilleuse faculté du souvenir, il reconnut le marin que la police amenait prisonnier.

— Voilà le général Duroc !

S'écria le marin en se débattant comme un requin dans un filet :

— Laissez-moi parler au citoyen Duroc !

Nom d'un tonnerre ! vous dis-je; je suis Sidore Brémond, un loup de mer de La Seyne, pilote de la gabarre *la Junon*, boiteux du pied gauche par la faute des Turcs ! Vous avez mon signalement; laissez-moi passer, tas de Ponantais d'eau douce, ou je vous rase comme des pontons !

A cette menace, Duroc arriva devant le rassemblement, délivra le marin par un signe de bienveillance, et lui dit :

— Dans une heure, le premier consul te recevra aux Tuileries. Demande le général Duroc, là... au concierge de cet escalier.

Un cercle respectueux se fit autour de Sidore Brémond, qui releva fièrement la tête, croisa les bras, cambra son torse, et promena des regards insolents sur les hommes de police et sur les curieux.

Quelques paroles vives, échangées sous la voûte du guichet, firent subitement diversion à cette scène, et la foule se porta de ce côté.

A toutes les époques d'agitation politique, la foule ne cesse d'accourir çà et là.

Le poète observateur Virgile, qui vivait dans une époque semblable à la nôtre, a répété à l'infini ces deux mots, *concurrit populus*, le peuple accourt.

Nous continuons d'accourir depuis ce temps-là.

Cette fois il s'agissait, pour la foule, d'écouter une discussion que l'histoire du mémorable 3 nivôse n'a pas accueillie dans sa gravité, trop ennemie des humbles détails.

Mais le roman, qui se pique d'être plus vrai que l'histoire, est friand des incidents subalternes, car ce sont eux qui déterminent les grands événements et les présentent sous leur véritable jour.

Il n'y avait pas à cette époque, à tous les coins de Paris, ce luxe d'affiches qui annoncent trente spectacles à la fois, et tapissent une colonne ou un pan énorme de mur public.

Quatre modestes placards suffisaient alors pour annoncer les soirées de la Comédie-Française, du Théâtre de la République et des Arts, du Vaudeville et de Feydeau.

Or, le 3 nivôse, l'affiche du Théâtre des Arts, placardée sur un coin du Carrousel, était ainsi conçue :

— *Première exécution de* LA CRÉATION DU MONDE, *oratorio d'Haydn, parodié en vers français par le citoyen Ségur jeune.*

— *Le citoyen premier consul assistera à cette solennité musicale.*

— Eh bien ! moi, — disait un membre de la foule, — si j'étais le premier consul, je n'irais pas à cet oratorio.

— Citoyen, tu manquerais au public ! — criait un autre.

— Le premier consul est bien respectable, c'est vrai; mais le public est aussi respectable que lui : il ne faut pas lui manquer dit, un troisième.

— Oh ! — poursuivait le premier, — si c'était le citoyen Bonaparte qui eût autorisé le directeur du théâtre des Arts à composer ainsi cette affiche, je n'aurais rien à dire, mais le directeur a pris cela sur lui; c'est une spéculation : il veut faire recette, voilà tout.

— Ce directeur n'a pas tort, citoyen ; les recettes ne sont pas fortes par le temps qui court; on en fait comme on peut.

— Ah ! oui, citoyen ! et si le premier consul, qui a bien d'autres affaires que la

Création du monde sur les bras, ne va pas au théâtre ce soir?

— La recette sera faite; c'est l'essentiel pour le directeur.

— Moi, je dirais mieux que tout cela, — interrompit un nouvel interlocuteur.

— *Chœur de curieux.* — Ah! voyons ce que dirait ce citoyen!

— Je dirais que le premier consul ne devrait jamais compromettre sa vie en public, surtout depuis le 18 vendémiaire dernier. Ce jour-là, au théâtre, si le général Lannes n'avait pas veillé sur son ami Bonaparte, le premier consul était assassiné dans sa loge, par Demerville, Aréna,

Ceracchi, Topino-Lebrun et bien d'autres encore...

— C'est vrai ! murmura la foule.

Nous serions dans un joli gâchis demain si le premier consul était tué ce soir d'un coup de poignard.

— Ou de toute autre manière, dit une bouche invisible.

— Oui, — dit un jeune hommes en baissant la voix, — il y a des gens bien informés qui m'ont dit qu'un baril de poudre avait été découvert par le machiniste de l'Opéra dans un souterrain du théâtre !...

— Mon Dieu ! nous ne serons donc jamais tranquilles! — crièrent plusieurs personnes à la fois.

— Les affaires avaient un peu repris, — dit un homme d'un certain âge.

— Voilà que le complot du 18 vendémiaire a fait encore émigrer les écus de six francs! J'en sais quelque chose, moi; je suis doreur sur métaux, rue Bourg-l'Abbé.

Encore un attentat contre le citoyen premier consul, et le commerce ne se relève plus.

Un *par file à gauche*, exécuté par le 2ᵉ de carabiniers, divisa brutalement en quatre parties ce club en plein air.

Les divers corps de troupes regagnaient

leurs quartiers, et le premier consul rentrait aux Tuileries, escorté par les fanfares militaires et les acclamations du peuple.

La foule s'écoula par trois colonnes, vers la rue Saint-Nicaise, le Louvre et le quai ; partout ce monde enthousiaste exaltait le nom et la gloire du vainqueur de Marengo.

Un jeune homme qui s'était mêlé à tous les groupes, avait observé tous les visages et écouté tous les discours, traversa la place du Carrousel après la revue, et entra dans une maison de la rue de Rohan.

Il monta péniblement jusqu'à l'étage des mansardes, donna un léger coup de l'ongle du doigt à une porte fêlée, et entra quand une voix intérieure eut répondu :

—Entrez !

C'était une de ces chambres comme il en existe sous les ardoises de tous les toits de Paris.

On y trouvait l'absence de tout ce qui est nécessaire à la vie domestique, et pour tout meuble, le seul qui manque rarement.

Un grabat de paille pour mourir.

Une jeune femme était assise sur un escabeau, dans cette attitude d'heureuse insensibilité qui est le privilége de ceux qui ont abusé de la douleur.

Elle se leva pour recevoir l'étranger et serrer affectueusement sa main.

— Eh bien ! comment sommes-nous aujourd'hui ?

Demanda le visiteur à voix basse et en désignant d'un signe de tête le grabat sur lequel un homme était étendu.

La jeune femme répondit par une pantomime désolante, et elle dit ensuite :

— Et vous, citoyen Maurice Dessains, souffrez-vous un peu moins aujourd'hui ?

— Un peu moins, répondit machinalement Maurice, le jeune homme que nous avons déjà vu rue Mesnars.

Et il s'avança vers le grabat.

Le malade de la mansarde souleva péniblement la tête, et montra un visage couvert d'une pâleur humide.

Un visage d'agonisant.

Il balbutia quelques mots d'une voix rauque, et Maurice appuya son oreille sur le chevet pour écouter ce que disait le malade.

— J'entends très-bien ce que tu me demandes, mon pauvre Genest, dit Maurice; je suis monté tout exprès pour te dire qu'il n'y a rien de nouveau jusqu'à présent.

Bonaparte a passé quelques soldats en revue; l'enthousiasme a été froid comme le temps. Je n'ai pas entendu un seul cri; les soldats avaient des visages mornes; le peuple semblait n'attendre qu'une occasion pour s'insurger contre Monk ou Cromwell. Malheureusement, nos chefs n'ont pas paru !...

— Nous sommes trahis ! dit d'une voix sépulcrale le pauvre agonisant.

— Je le crois, — dit naïvement Maurice.

— Et mourir ! mourir, sans savoir si nous triompherons demain ! murmura le malade.

— Au nom de Dieu ! donne-toi un peu de calme, mon ami, — dit la jeune femme, avec une voix douce comme une consolation.

— Pauvre Louise ! dit l'agonisant.

Et le regard éteint qui tomba sur elle

se ralluma un moment et s'éclaira d'un rayon d'amour et de pitié.

Louise, dont le costume et le visage étaient dévastés par la misère et la douleur, conservait encore pourtant ce charme divin que la jeunesse donne à une femme, même dans la mansarde démeublée par la pauvreté.

Une coiffe à dentelles flottantes couvrait ses cheveux d'or fluide, comme un nuage cache des gerbes de rayons.

Un fichu d'indienne se croisait sur son sein avec un relief charmant.

L'exquise perfection de son corps dissimulait l'indigence de sa robe, et la grâce innocente de sa figure faisait oublier la mansarde et le grabat.

Le malade fit un signe imperceptible, et Maurice se rapprocha du lit, avec une nonchalance affectée, pour ne pas attirer l'attention de Louise, qui paraissait absorbée dans un muet et sombre désespoir.

— Il y a une réflexion qui me tue bien mieux que la maladie :

Dit l'agonisant avec un effort suprême,

— Qui viendra au secours de cette pauvre Louise, lorsque ?...

Il ne put achever cette phrase de désolation ; la fin de la demande expira dans un soupir.

Maurice n'osa point hasarder une formule de consolation banale que le malade n'aurait pas acceptée.

Il était, lui aussi, dans une de ces positions désespérées où il est impossible de s'offrir comme protecteur.

Pauvre, souffrant, compromis dans les éventualités et les incertitudes d'un complot, il ne pouvait donner à un ami que l'heure présente ; le lendemain ne lui appartenait pas.

Il feignit donc de n'avoir pas entendu ou compris les dernières paroles du malade, et prenant un ton moins triste :

— Mon ami, dit-il, l'espoir a été inventé au ciel pour des êtres comme nous ; espérons.

Si la liberté triomphe aujourd'hui, elle nous rendra forts et heureux. Pour des hommes comme nous, la vie a des ressources et la liberté a des miracles. Espérons.

Le malade fixa ses yeux au plafond, et tendit la main à Maurice, qui la serra en ajoutant :

— Adieu, je vais à mon destin et au tien.

Il salua respectueusement la jeune femme et sortit.

Aux Tuileries.

V.

Aux Tuileries, debout devant la porte de son cabinet de travail, jouant du bout de ses pieds avec la flamme qui les réchauffait, après la revue glaciale du 3 nivôse, Bonaparte ouvrait ses dépêches du jour, et comme il était seul et que nul témoin ne pouvait lire sur la mobile expression de sa figure les secrets de sa correspondance, ils s'abandonnait naïvement, comme le plus bourgeois des citoyens, à la joie ou à la tristesse, selon la nature des nouvelles qu'il recevait.

Joséphine entra.

Bonaparte embrassa tendrement sa femme comme un mari de la veille, la fit asseoir sur un fauteuil devant le feu et s'assit à côté d'elle.

— Ma chère Joséphine, dit-il avec un sourire charmant, la guerre est un métier d'été ; tu es créole, et je suis Corse : nous nous comprenons, n'est-ce pas ?

— La revue a été bien belle pourtant, dit Joséphine, et vous avez été accueilli bien chaudement, malgré la saison.

— Alors, Joséphine, tu as donc vu que j'avais expédié lestement ma revue aujourd'hui... Nous avons 9 degrés au-dessous de zéro. Ce n'est pas la température de Marengo et des Pyramides... Ces pauvres soldats de Macdonald ont dû bien souffrir! ils viennent de traverser la grande chaîne des Alpes, au cœur de l'hiver!... Toutes les nouvelles que je reçois des armées sont excellentes. Macdonald, Brune et Vandamme vont faire des merveilles dans le Tyrol italien. La campagne d'hiver sera superbe. l'Europe veut m'imposer la guerre. Eh bien ! moi, je lui imposerai la paix.

— Ah ! quel nom béni vous venez de prononcer ! — dit Joséphine, en croisant ses mains, et levant les yeux au ciel.

— Mais, dit Bonaparte avec feu, j'ai poursuivi la paix à travers vingt champs de bataille ; il y a toujours un mauvais génie qui me l'arrache des mains quand je la tiens !... et quand je lui aurai donné la paix à ce bon peuple de Paris, à cette chère France, je suivrai les exemples des Antonins, je convierai le peuple aux nobles amusements des arts. Il y a chez nous une activité d'esprit, un besoin d'enthousiasme qu'on doit entretenir sans cesse. Il nous faut une paix enivrante comme la guerre. Je meublerai Paris comme un beau salon; je lui donnerai des arcs de triomphe, des musées, des colonnes votives, des fontaines, des quais, des ponts, des théâtres, des monuments, des promenades ; je ferai de cette ville la capitale du monde. Nous aurons ainsi une autre gloire, la gloire de la paix.

En disant ces mots, Bonaparte rayonnait de joie.

L'enthousiasme entourait son visage d'une auréole, et la douce expression de ses yeux avait quelque chose de divin.

Joséphine inclina la tête et garda le silence.

Bonaparte prit la main de sa femme, la porta légèrement à ses lèvres et lui dit :

— Ma chère, est-ce que tu ne crois pas à la paix ?

— Je crois en vous, comme en Dieu, répondit-elle : mais il faut bien peu de chose pour détruire ce bel avenir que nous rêvons... Bonaparte, vous êtes entouré de complots et d'assassins ; votre ministre Fouché...

— Joséphine, — interrompit le premier consul en souriant, — la Providence veille sur moi ; c'est le meilleur des ministres ; elle ne m'a pas conduit par la main à travers Arcole, Lodi, St-Jean- d'Acre, Jaffa, Marengo, pour me faire tomber sous un poignard...

— Lisez ceci, — dit vivement la jeune femme en présentant à son mari plusieurs lettres.

Et vous verrez que tous les complices d'Aréna et de Ceracchi ne sont pas en prison.

Bonaparte reçut avec un geste bienveillant les lettres offertes, et fit semblant de les brûler.

— Je remercie, dit-il, ces correspondants anonymes, mais je n'ai pas besoin d'eux pour savoir qu'un homme arrivé où je suis est entouré de complots. Cela durera quelque temps encore, puis l'air se purifiera ; l'épidémie touche à sa fin...

En serrant affectueusement les mains de sa femme, il ajouta ces deux vers d'*Athalie :*

Cependant, je rends grâce au zèle officieux
Qui, sur tous mes périls, vous fait ouvrir les yeux.

Après cette citation, Bonaparte sonna et dit à Duroc, qui ouvrit la porte du cabinet :

— Introduisez ce marin de St-Jean-d'Acre.

Et il ajouta en se tourna vers sa femme :

— Pour faire diversion à ta tristesse, je vais te montrer une chose curieuse et amusante.

Sidore Brémond entra d'un pas résolu, comme s'il eût pris le cabinet du consul à l'abordage.

Il ôta son chapeau goudronné, salua brusquement de la tête, des mains, et du torse, et, raidissant sur ses pieds, il attendit fièrement l'interrogation de Bonaparte.

— Voici un brave d'Égypte,

— dit le premier consul en s'adressant à sa femme.

— Voyons, mon ami, raconte à madame Bonaparte ton aventure de Saint-Jean-d'Acre; après, nous causerons de toi.

— C'est une babiole, mon aventure, dit Brémond, avec un air de dédain qu'il se donnait à lui-même.

A la bataille d'Aboukir, j'eus l'honneur de sauter avec le vaisseau *l'Orient*. J'étais habillé de goudron, je m'incendiai comme de l'étoupe, mais le bon Dieu me fit tomber dans l'eau et m'éteignit. Les Anglais du *Thésée* me pêchèrent dans le golfe comme un thon, et le commodore Sidney Smith m'amena prisonnier à Saint-Jean-d'Acre, une ville pleine de Turcs et de maudits de Dieu. Je m'ennuyais comme un marin débarqué. J'avais le mal de terre. Un renégat français me proposa de servir une pièce de canon sur le rempart. J'acceptai, avec l'intention, bien entendu, d'escamoter le boulet et de tirer à poudre.

Une nuit, pendant le siége, j'allais m'endormir sur mon affût, quand je vis deux Turcs qui fumaient leur pipe à côté de moi. Alors, je fis ce raisonnement: ces

Turcs sont deux; je suis seul, donc il y a cinquante pour cent de bénéfice pour la République. Cela dit, j'embrassai vigoureusement les deux Turcs, et je me précipitai avec eux du haut du rempart dans le fossé qui n'avait point d'eau. Les Turcs restèrent sur le coup; moi, je me cassai la jambe gauche, et je me traînai à trois pattes, jusqu'aux avant-postes républicains, où le général Bonaparte me reçut, comme s'il eût été mon père, me recommanda au citoyen médecin Desgenettes, qui me guérit en quinze jours, et me laissa boiteux.

Un éclair de gaîté illumina le visage triste de Joséphine; elle tendit sa belle main à Sidore Brémond, et lui dit:

— Vous êtes un brave homme, et je serais heureuse de demander quelque chose pour vous au premier consul. De quel pays êtes-vous ?

— De la Seyne, en rade à Toulon; ma mère était d'Ollioules, mon père de Six-Fours.

— De la Seyne, dit Bonaparte, en passant la main sur son front, comme pour en extraire un souvenir.

C'est un nom qui ne m'est pas inconnu.

— Je crois bien, dit le marin; vous êtes né dans le même endroit, mon général, nous sommes pays.

— Ah ! tu n'es pas fort en géographie, — dit Bonaparte en souriant, — je suis né à Ajaccio...

— Pardon, mon général, interrompit le marin ; vous vous trompez ; vous êtes né, comme moi, en rade de Toulon, à côté de la Seyne, sur le Petit-Gibraltar, et vous fûtes baptisé par une blessure au front, devant moi.

— Il a raison, dit Bonaparte, c'est là que je suis né. Voyons, madame Bonaparte, que pouvons-nous faire pour mon compatriote ?

— Avez-vous des enfants? — demanda Joséphine à Brémond avec une vive émotion.

Deux larmes mouillèrent subitement le visage bronzé du marin, sa voix rude et ferme s'adoucit et trembla.

— J'ai un enfant, dit-il, un seul... et c'est pour lui que je viens voir mon général, et...

L'émotion suspendit la phrase; mais le premier consul ayant fait à Brémond un geste de bienveillance qui l'engageait à poursuivre, le marin acheva ainsi :

— On m'a dit que que la police savait tout, et que les citoyens Dubois et Fouché connaissent tous les étrangers de cette grande ville : si je m'adresse à ces hauts personnages, ils ne m'écouteront pas. J'ai pensé qu'il vaut mieux s'adresser à Dieu qu'aux saints, et je suis venu. Mon enfant est à Paris, et vous me rendrez la vie, mon général, si vous ordonnez au citoyen ministre Fouché de me le découvrir avant ce soir.

— Avant ce soir, — dit Bonaparte en souriant, ce sera difficile. Vous avez tous, en province, des idées exagérées sur l'intelligence de la police de Paris... Il faut être moins exigeant, mon brave Brémond, donne trois jours à Fouché, il trouvera ton enfant.

— Trois jours, ça ne fait pas mon compte, mon général, il me faut mon enfant ce soir, entre sept et huit heures...

— Es-tu encore au service ?

— Ah! mon Dieu! non, mon général; il faut avoir au moins deux jambes pour servir la République ; avec elle, on va toujours au pas de course, et je suis boiteux.

— Rien ne t'oblige à quitter Paris demain ?

— Rien, mon général... Mais puisqu'il faut tout dire, je suis superstitieux comme tous les Provençaux.

— Ou comme les créoles, — interrompit le premier consul.

Tu as fait sourire madame Bonaparte qui vient de t'approuver d'un signe de tête. Voyons, conte-lui tes superstitions ; elle te comprendra mieux que moi.

— C'est aujourd'hui le 3 nivôse, poursuivit le marin. Le calendrier de la République ne m'a pas fait oublier l'ancien. Le

3 nivôse répond, jour par jour, au 24 décembre.

Joséphine s'agita brusquement sur son fauteuil.

— Le compte est juste, dit Bonaparte.

— C'est la veille de Noël, ajouta Brémond ; c'est le jour de nos soupers de famille. Je veux avoir mon enfant avant la nuit. Je compte si bien sur le citoyen Fouché, que j'ai commandé un souper double au cabaret de la Pomme-de-Pin, rue Thionville, pour huit heures du soir. Si je ne vois pas mon fils aujourd'hui, il arrivera quelque malheur à lui ou à moi. Ça ne manque jamais.

— Quel âge a-t-il ton fils? dit Bonaparte.

— Vingt ans, mon général.

— Y a-t-il longtemps que vous ne l'avez vu? dit Joséphine.

— Oh! oui! — répondit Brémond, avec un soupir qui se fondit en deux larmes.

Oui, longtemps... Mais cette histoire nous mènerait trop loin ; je la garde pour le citoyen Fouché, si mon général...

— Brémond, — interrompit brusquement Bonaparte qui venait d'écrire deux lignes sur un billet.

Je n'ai rien à refuser à un soldat blessé devant Saint-Jean-d'Acre. Voici une signature qui t'ouvrira la porte de Fouché et de Dubois... Tu n'as rien autre chose à me demander?

— Rien, mon général.

— Es-tu à l'abri du besoin ?

— Oh ! tout-à-fait à l'abri, grâce à Dieu, mon général. J'ai un petit jardin à La Seyne et une pension de 250 francs.

— Et tu es heureux ?

— Si je retrouve mon fils, je serai heureux comme un second premier consul.

— As-tu renoncé à la mer ?

— Oh ! non, mon général ; seulement, et toujours à cause de ma jambe, j'ai renoncé au sabre d'abordage et au grappin ; mais je me fais, dans la rade de Toulon, des pêches superbes, à la ligne, à la *parangrote*, au *thys* et au *bourgin*.

— C'est bien! adieu, mon brave camarade d'Égypte. Si jamais tu trouves ta pension de retraite trop modeste, souviens-toi de l'adresse du premier consul.

— Oui, mon général ; c'est une adresse connue ; aux Tuileries, place du Carrousel, et point de numéro.

Le marin s'inclina profondément devant son général et madame Bonaparte, frappa son cœur avec sa main, pour résumer l'expression de sa reconnaissance dans une pantomime énergique, et sortit du cabinet du premier consul.

Muni de cette puissante recommandation, Sidore Brémond vit toutes les portes s'ouvrir à deux battants.

La signature de Bonaparte avait la magique vertu du rameau d'or de la sybille, et tous les cerbères des antichambres ministérielles courbaient leurs têtes poudrées devant la veste bleue du marin solliciteur.

Fouché, après avoir reçu Brémond avec tous les honneurs dus au billet d'introduction, reconnut que cette affaire n'était pas de son ressort, et il le renvoya au préfet de police Dubois, en le recommandant avec chaleur, comme un personnage qu'il ne fallait pas livrer aux ricochets ordinaires des gens de bureaux.

Après quelques demandes et quelques réponses insignifiantes :

— Citoyen Brémond, dit Dubois, votre fils est-il bien à Paris?

— Il y est comme vous et moi, citoyen préfet. Je l'ai vu, comme je me vois dans ce miroir; c'était au milieu de la décade dernière. Un père ne se trompe pas. Votre Paris, avec sa foule et ses chevaux, vous montre un visage connu au coin d'une place, et puis il vous l'enlève quand on croit le tenir. Dans vos rues, nous sommes mêlés comme des jeux de cartes. On sortait du Théâtre de la Nation: je regardais la voiture du premier consul : un gros fanal se lève tout-à-coup devant moi comme la pleine lune; dans cette clarté, je reconnais mon fils; j'ouvre les bras, je me précipite ; une vague m'emporte à l'autre bord, et j'embrasse une vieille ci-devant baronne qui revenait de l'émigration. Mon fils avait disparu, comme si le diable s'en était mêlé.

— Votre fils est-il venu à Paris avant vous? demanda Dubois avec ce ton magistral qui semble cacher au vulgaire les plus hautes intentions.

— Non, citoyen préfet. Je suis arrivé d'Égypte sur la frégate *le Muiron*, avec l'amiral Gantheaume et le général Bonaparte. J'ai couru à mon village pour embrasser mon fils Xavier... Depuis deux ans, il avait disparu du pays. C'était une tête chaude, et sa pauvre mère me disait toujours : Cet enfant nous donnera plus de pluie que de soleil... Figurez-vous, citoyen préfet, que Xavier n'avait que quatorze ans au siége de Toulon; eh bien! ma famille s'était réfugiée au hameau d'Éxenos, un peu plus haut que les nuages : Xavier descendit un beau matin au camp de Dugommier, et voulait s'engager dans l'armée de la République! Avez-vous vu un démon comme ça? moi, je l'ai cherché partout, je l'ai demandé partout. Si toutes les villes avaient le bons sens de n'avoir qu'une rue, comme La Seyne, j'aurais découvert mon Xavier; mais ici, à Paris, c'est comme si je cherchais une épingle dans le désert des Pyramides. Aidez-moi donc, citoyen préfet : soyez ma boussole, mon pilote, ma croix du sud ; mettez-vous au gouvernail, et guidez la barque de Sidore Brémond.

Dubois fit un sourire administratif, et balançant avec méthode une prise de tabac inspirateur, il dit :

— J'ai pris de bonnes notes, Sidore Brémond ; je suis renseigné parfaitement. Tenez-vous tranquille, votre affaire devient la mienne. Je vous rendrai votre fils.

— Avant ce soir, citoyen préfet ?

— Avant ce soir... Où logez-vous ? Sidore Brémond.

—Rue de l'Échelle, à l'auberge de *l'Ancre d'or*.

—C'est bien, je vais m'occuper de vous.

— Citoyen préfet, je vais chez moi, et j'attends mon fils.

Dubois fit un geste officiel, et regarda la porte d'un œil accompagnateur.

Le marin salua et sortit.

Encore le 3 nivôse. — Machine infernale.

VI.

Nous vivons encore dans la même journée. — Le premier consul se promène à pas brusques dans son cabinet de travail, et son secrétaire Bourrienne, assis devant une table éclairée par une seule lampe, écrit avec l'agilité d'un sténographe.

Une nuit sombre couvre la vaste place du château.

Quelques réverbères jalonnent de points lumineux les ténèbres extérieures, et font le semblant d'éclairer les rares piétons qui traversent la zône glaciale du Carrousel.

Une voix timide a prononcé ces mots dans l'antichambre :

— *La voiture du premier consul est avancée.*

Bonaparte répondit par un mouvement de tête, et continua de dicter à Bourrienne.

Les conditions posées par M. de Cobentzel, disait-il avec vivacité, sont inadmissibles après Marengo. Je veux que l'Autriche se sépare de l'Angleterre ; je veux que le traité de paix soit établi sur les bases du traité de Campio-Formio. Je veux maintenir l'indépendance des duchés de Modène et de Toscane. Je veux que l'Autriche paye les frais de la dernière campagne. Je demande l'abandon de la rive gauche du Rhin. L'Autriche aura l'Adige pour limite, et nous cèdera Mantoue immédiatement.

Bonaparte s'arrêta devant une fenêtre, effaça brusquement avec sa main la brume de la vitre, et après avoir jeté sur le Carrousel un coup d'œil rapide, il se retourna et dit : — Je suis obligé d'aller à l'Opéra... Bourrienne, demain matin à six heures, soyez exact... dites à Berthier, à Lannes et à Lauriston de se tenir prêts : ils m'accompagneront à l'Opéra.

L'expression de noble fierté qui animait le visage de Bonaparte lorsqu'il dictait ses ordres à l'Autriche, s'effaça tout-à-coup, et fit place à un sourire charmant. Joséphine rentrait dans le cabinet du premier consul.

— Quelle journée de travail et d'émotion vous avez passée ! dit-elle à son mari : vous devez être bien fatigué ?

— Ma chère Joséphine, tout n'est pas rose, dans le métier de premier consul. Je suis le premier ouvrier du pays. Il ne faut pas que quelqu'un, en France, puisse se vanter de travailler plus que moi.

— Bonaparte, — dit Joséphine d'un ton triste, — vous êtes donc bien décidé à sortir ce soir ?

— Changerais-je d'avis, Joséphine ? On m'attend à l'Opéra...

— On vous y attendait aussi le soir de Ceracchi et d'Aréna,

Interrompit mélancoliquement la jeune femme.

— Eh bien ! que m'est-il arrivé de fâcheux ce soir-là ?

— Rien, grâce à Dieu, mais... Bonaparte, — ajouta Joséphine avec l'émotion d'une sibylle,— la Providence cesse quelquefois de nous protéger, quand elle nous a trop avertis... Ne méprisez point le pressentimnet d'une femme ! il y a quelquechose de terrible dans l'air... ne sortez pas !

Le premier consul étendit gracieusement sa petite main vers la bouche de Joséphine, pour l'engager à parler plus bas ; et avec un sourire aussi bienveillant que le geste, il lui dit :

— Voyez donc comme les mêmes scènes se renouvellent dans les palais ! cela me fait songer à la femme de César ; elle mettait son mari, le vainqueur de Pharsale, aux arrêts forcés.

— Eh bien ! dit Joséphine, voulez-vous pousser la comparaison jusqu'au bout?...
César n'écouta point le pressentiment de sa femme, et...

— Oh ! je n'accepte pas la comparaison — interrompit Bonaparte. — César se rendait au capitole pour se faire couronner empereur, et il rencontra les poignards des jacobins aristocrates de Rome ; mais moi, je ne vais pas chercher une couronne à l'Opéra. Je vais entendre un oratorio ; je vais protéger de pauvres artistes ; je vais rappeler, par mon exemple, le beau monde aux fêtes de la grande musique et des beaux arts. Tout est mort en France ; il faut tout ressusciter.

Joséphine frappa son front avec sa main, et se plaçant devant la porte que le premier consul allait ouvrir, elle dit, avec une voix pleine de mélancolie :

— Ce n'est pas le 3 nivôse, aujourd'hui, pour moi ; c'est le 24 décembre, c'est la veille de Noël, c'est une soirée de famille.

A pareil jour, on aime à s'entretenir des souvenirs de son enfance, et de son pays natal. Vous me parlerez de votre mère et de votre île bien-aimée, cette sœur de la mienne : soyez ce soir un homme vulgaire ; demain vous reprendrez encore cette langue superbe qui a réveillé l'Égypte et l'Italie ; aujourd'hui, 24 décembre, le soldat du Mont-Thabor doit songer à la crèche de Bethléem !

Bonaparte s'inclina devant Joséphine et garda quelque temps le silence.

Ses yeux, qui avaient emprunté leur couleur rayonnante au golfe bleu d'Ajaccio, exprimèrent les touchantes émotions des souvenirs de l'enfance ; car elles arrivent aussi dans ces sphères suprêmes du pouvoir, où la gloire du présent fait tant de bruit qu'elle semble anéantir les humbles affections du passé.

— Joséphine, — dit-il, avec un accent de sensibilité que le jeune héros réservait aux scènes intimes, — vous êtes la femme des bonnes inspirations ; ce que vous venez de dire ne sera pas perdu. La France était chrétienne avant d'être républicaine ; je veux lui rendre sa religion et rouvrir ses églises. Dieu a béni mes armes, et je relèverai ses autels.

— Ah ! — s'écria Joséphine radieuse de joie, — voilà une pensée qui vous portera bonheur ! Maintenant, mon ami, allez où votre devoir vous appelle. Le Livre saint a écrit pour vous ce verset que je lisais ce matin : *Mille tomberont à votre gauche, dix mille à votre droite, et vous resterez debout* (1).

— Adieu, Joséphine, — dit Bonaparte

---

(1) Cadent à latere tuo mille, et decem millia à dextris tuis, à te autem non appropinquabit.

en ouvrant la porte, — vous êtes la sœur de mon ange gardien.

Le premier consul rendit à son visage cette expression d'héroïque fierté qui ravissait le cœur de ses nobles compagnons d'armes, et rencontrant dans la grande galerie Berthier, Lauriston et Lannes, il leur dit :

— Nous sommes un peu en retard, n'est-ce pas, mes amis ?

— Le premier consul ne peut jamais être en retard, dit Lauriston ; l'horloge du château l'attendait pour sonner huit heures.

Lannes désapprouva par un haussement

d'épaules cette flatterie qui avait un parfum trop monarchique.

Les Tuileries inspirent ces choses-là même sous un régime républicain. Ce sont les palais qui font les courtisans.

Au bas du grand escalier des Tuileries, Bonaparte donna cet ordre à Berthier :

— Point de piqueurs en avant, l'escorte en arrière; ne jouons pas au roi.

La voiture du premier consul partit avec une vitesse inaccoutumée.

Le cocher, nommé César, doué d'un républicanisme douteux, venait de célébrer en famille la veille de Noël, et cet incident, qu'aucun historien n'a remarqué, sauva providentiellement la vie au premier consul et aux grenadiers de l'escorte.

Le cocher avait abusé des libations permises par la solennité chrétienne, et il communiqua subitement à ses chevaux l'ivresse qui brûlait son front.

— Mes amis, — dit Bonaparte en s'asseyant dans sa voiture, — nous allons entendre de la belle musique ce soir, et je promets aux Parisiens de leur donner du Cimarosa et des Bouffes. Nous sommes tous artistes dans notre famille. Un de mes aïeux, Louis Bonaparte, qui a écrit le siége de Rome de 1527, dont il fut le témoin oculaire, a fait aussi un traité sur les œuvres de Palestrina et de Carissimi ; il a défendu avec son épée le pape Clément

VIII contre les païens de son époque; il a protégé sa fuite jusqu'à Viterbe; et, après le retour du calme, il a restauré les exécutions de Palestrina dans la chapelle Sixtine, sous le pontificat de Paul III. Voilà donc une noblesse d'artiste et de soldat qui oblige. En mémoire de mon glorieux aïeul Louis Bonaparte, je donnerai des temples aux beaux arts, et je créerai un Conservatoire de musique à Paris.

Cette loi de grâce et d'amour qu'improvisait ainsi Bonaparte, lorsqu'il allait assister à l'oratorio de la *Création du monde*, fut promulguée au milieu de la foudre et des éclairs, comme la loi du mont Sinaï.

Aux derniers mots du premier consul,

une clarté vive illumina l'intérieur de la voiture, comme si le soleil se fût levé subitement au milieu de la nuit.

Un formidable coup de tonnerre jaillit du pavé contre le ciel, fit trembler la ville sur ses fondements, et déchira l'air de scories embrasées comme une éruption de l'Etna.

Deux cataractes de vitres brisées roulèrent des toits voisins sur le pavé de la rue.

Un immense cri d'effroi retentit autour du volcan et se perdit dans les profondeurs de la ville; ce lugubre hurlement de tout un peuple n'avait pas été entendu depuis le dernier jour de Pompéi.

C'était la machine infernale, allumée par Saint-Réjant sous les pas du premier consul.

Le cocher, brave comme le héros dont il portait le nom, se courba sur les rênes, et emporta ses chevaux, comme un attelage d'hippogriffes, au péristyle de l'Opéra.

Un des grenadiers de l'escorte se pencha vers la portière, reçut un ordre, et courut annoncer à Joséphine que le premier consul était sorti vivant de cette embûche de mort.

Bonaparte se montra calme et serein dans sa loge de l'Opéra, au moment même où le fracas de l'explosion annonçait aux Parisiens une nouvelle tentative d'assassinat.

Des applaudissements frénétiques accueillirent le jeune héros, qui venait de traverser, sous la garde du ciel, une zône de feu plus terrible que le pont d'Arcole et la Tour Maudite de Ptolémaïs.

Maintenant, des hauteurs de l'histoire, descendons aux détails inconnus.

Lorsque les grandes catastrophes s'accomplissent, il y a autour d'elles bien des scènes subalternes que le narrateur officiel dédaigne de recueillir.

Bien des souffrances intimes, oubliées par les graves historiens, lesquels, de tout temps, ont voué exclusivement leur plume à l'aristocratie des infortunes humaines.

L'orchestre de l'Opéra exécutait l'œuvre de Haydn, dans ce moment solennel qui commençait pour la France une ère nouvelle.

La musique du maître exprimait les premiers vagissements de la nature, après les ténèbres du chaos.

La lumière sortait de la nuit, l'homme du néant, la vie de la mort.

Un monde était crée au souffle de Dieu.

Entouré de cette mélodie céleste de la *Création*, Bonaparte préparait son *fiat lux* et étendait sa main sur le chaos.

C'était le 24 décembre ! (1)

L'aube de Bethléem dorait le front de Rome !

Comme dit le vers sublime de Victor Hugo.

On vit alors quelques hommes quitter les loges et les stalles, et sortir du théâtre avec cette nonchalance affectée qui annonce une grande vivacité d'action.

Arrivés sous le péristyle, ils se ruèrent avec la foule vers le lieu où le crime infernal venait de s'accomplir.

Toutes les maisons s'étaient spontané-

---

(1) Il est à remarquer que la première revue passée par notre Président de la République, Louis-Napoléon Bonaparte, est l'anniversaire demi-séculaire du 3 nivôse (24 décembre 1800).

ment illuminées dans la rue Richelieu et dans les petites ruelles qui rayonnent de la rue Saint-Honoré et aboutissent au Carrousel.

Chaque fenêtre encadrait des groupes haletants, qui interrogeaient avec des yeux effarés les mystères de la place publique.

Le spectacle était lugubre.

On voyait passer, à la lueur des torches, des civières sanglantes, chargées de lambeaux humains, que suivaient des enfants et des femmes, avec des cris de désolation.

Parmi ces hommes qu'une pensée de désordre faisait sortir de l'Opéra, se trouvait le jeune Maurice Dessains.

Avec cette candeur et cette naïveté primitives qui distinguent les conspirateurs de tous les temps et de tous les pays, il ne vit d'abord que des complices inconnus, dans cette foule qui encombrait toutes les avenues de la rue Richelieu, et n'ayant pas encore apprécié le véritable caractère de ce complot, il s'attendait à une insurrection, et n'élevait aucun doute sur le succès.

Ce qu'il entendit en parcourant toutes les lignes de cette foule orageuse, ne lui permit pas de garder longtemps ses illusions de conspirateur.

Toutes les voix vomissaient des malédictions contre les assassins.

Toutes les mains étaient levées au ciel pour lui demander que la foudre tombât sur eux.

Impossible d'accuser d'hypocrisie tout ce peuple qui fulminait cet immense anathème et chantait la gloire du premier consul.

Il fallut bien rejeter au loin l'espoir d'un nouveau 13 vendémaire, et s'éloigner en toute hâte de cette foule irritée, qui cherchait sur chaque visage suspect cette pâleur délatrice qui annonce un criminel.

Maurice Dessains se dirigea lentement vers la maison de son ami Genest, et, chemin faisant, il apprit tous les détails de l'horrible attentat.

Au coin de la rue de Rohan, un orateur monté sur une borne racontait les incidents du crime et en rejetait tout l'odieux sur le parti républicain.

Maurice, plus indigné que prudent, osa donner un démenti à cette assertion.

Des murmures menaçants s'élevèrent autour de lui, et comme les actes allaient succéder aux paroles, il recula devant une lutte inégale et se réfugia dans l'allée sombre de la maison de son ami.

La mansarde de la jeune et pauvre Louise était habitée par la mort et le désespoir.

L'épouvantable explosion de la machine infernale de la rue Saint-Nicaise avait retenti dans la rue de Rohan qui en est si voisine.

Genest se galvanisa un instant, étendit sa main droite vers la fenêtre, et murmura ces mots avec son dernier souffle :

— La bataille commence et je n'y suis pas!

Louise se précipita sur lui... Il était mort.

Maurice Dessains entra, et trouva la jeune femme sanglotant sur un cadavre.

La pâle clarté d'une veilleuse assombrissait encore cette scène de deuil.

La rue Mesnard.

VII.

— Quelle soirée, citoyen Alcibiade !

Dit Lucrèce Dorio, en jetant sur un fauteuil le manteau de fourrure qui couvrait ses belles épaules nues, et en s'asseyant devant un grand feu.

Nous ne serons jamais tranquilles ! Cela ne finira-t-il pas !

— Ma divine Lucrèce,

Dit Alcibiade, en quittant son chapeau et sa canne, et en s'appuyant du coude gauche sur l'angle de la cheminée.

— Je crois que tout le personnel du Tartare s'est domicilié à Paris. Je viens de voir des hommes dont Pluton seul a signé les passeports ; comment voulez-vous que cela finisse ? La police n'a pas le signalement des démons !

— Eh ! bien, moi, dit Lucrèce, je me permets de croire que la police était dans le complot.

— Il n'est pas défendu de calomnier la police,

Dit froidement Alcibiade.

— Si tout ce que vous venez de me raconter est vrai,

Continua Lucrèce, — je ne calomnie pas. Comment ! la police sait qu'il y a vingt-cinq complots tramés contre le premier consul, et elle ne place pas un seul de ses agents sur le chemin des Tuileries à l'Opéra ! La police permet que des bandits établissent une charrette de mitraille dans cet étroit boyau de la rue Nicaise, le coupe-gorge le plus suspect de Paris ! Il y a eu là pendant une heure, des préparatifs d'assassinat ; il y a eu une petite fille ramassée sur le pavé, dressée au piége, payée avec mystère, et tout cela s'est accompli sans le moindre obstacle, quand la voiture du premier consul sortait du Carroussel ! Oh ! rien ne peut justifier la police ! Ce n'est pas de la négligence, c'est de la complicité.

— Nous verrons, dit Alcibiade.

— Vous ne verrez rien, poursuivit Lucrèce : rien. On découvrira deux ou trois septembriseurs ; on les pendra pour quelque vieux crime, et la police continuera de veiller sur les jours du premier consul comme elle a veillé ce soir... Avez-vous revu ce pauvre Maurice Dessains ?

— Non, Lucrèce... Il est sorti du théâtre avec beaucoup d'autres, quand le premier consul est entré. J'ai parcouru la rue Richelieu, la rue Honoré, la rue Nicaise; j'ai regardé tous les visages, et je n'ai pas trouvé trace de notre jacobin poitrinaire. Il est probablement tombé dans les griffes de Dubois...

— Alcibiade, interrompit vivement Lucrèce, mon pauvre Maurice n'a rien de commun avec les assassins de la rue Nicaise ! ne calomniez pas cet enfant...

— Pardon, chère Lucrèce; j'ai oublié de vous raconter un des incidents de ce soir... Je me suis trouvé sur le passage du premier consul quand il sortait de sa loge... En ce moment vous n'auriez pas reconnu

Bonaparte. Nous venions de le voir si calme à l'exécution de l'*oratorio*. Ce calme était menteur. En traversant le corridor, il ressemblait à ce Dieu de la Thrace qui épouvante les Euménides avec un regard. Bonaparte disait à Lauriston, en serrant son bras contre le sien :

— Ceci est un complot jacobin. L'hydre du 9 thermidor remue encore. Il faut en finir avec les septembriseurs ; je mettrai l'Océan entre eux et nous !..

Voilà ce que j'ai entendu. Vous voyez donc bien, ma belle Lucrèce, que tous les jacobins sont compromis dans le complot de la rue Nicaise, et qu'il suffit d'être reconnu jacobin pour être arrêté comme criminel.

À ces mots la porte s'ouvrit et Tullie entra mystérieusement dans le salon.

Alcibiade passa du sérieux au sourire, et dit d'un ton léger :

— Ah! voilà Tullie qui vient gravement à nous, le doigt sur la bouche, comme la déesse Muta !

La femme de chambre fit un signe de maîtresse, et imposa silence au jeune homme, puis, désignant la fenêtre, elle dit à voix très-basse :

— La police est là. J'ai vu des gens de mauvaise mine qui regardent les numéros, sous les réverbères. On cherche quelqu'un dans le quartier.

Alcibiade allongea un pas démesuré vers un angle du salon.

Prit son chapeau, et s'excusant par une pantomime incompréhensible, il salua Lucrèce, et sortit avec l'agilité souple d'une apparition.

— En voilà un qui ne se compromettra jamais,

Dit Tullie à l'oreille de sa maîtresse.

— Oh! je devine la pensée du citoyen Alcibiade,

Répondit tristement Lucrèce.

— Il est rusé comme un poltron; au

premier signe il devine tout, et quand il s'éloigne brusquement, c'est qu'il a flairé un danger. Alcibiade est un de ces hommes qui ont failli être chats.

Tullie s'assit familièrement sur un tabouret aux pieds de sa maîtresse, et l'interrogea par un silence significatif et avec des yeux effarés.

— Oh! ne vous effrayez pas, Tullie, ajouta Lucrèce; ce danger ne vous regarde pas. Vous êtes en sûreté ici...

— Je le crois,

Dit Tullie, du ton d'une femme qui ne croit pas.

— Cependant, ajouta-t-elle, j'ose remarquer, madame, que votre voix tremble quand vous me rassurez.

Le projet d'une réponse agita les lèvres de Lucrèce, mais la réponse n'arriva pas.

La jeune femme regarda la pendule et inclina sa tête vers la fenêtre de la rue, pour écouter le roulement d'une voiture qui côtoya l'angle de la maison, et se perdit dans les hauteurs de la rue Richelieu.

Quelques instants après, deux coups de marteau, suivis de deux autres, diminués comme des échos des premiers, résonnèrent sur la pomme de cuivre du n° 1 et firent tressaillir les deux femmes.

— Oh! il faut lui ouvrir à tout prix, dit Lucrèce en se levant avec vivacité.

— Depuis dix ans, les femmes ont plus de courage que les hommes,

Dit Tullie en courant à l'antichambre pour recevoir le visiteur annoncé par les coups de marteau.

Il entra comme un spectre de minuit, pâle, funèbre, désolé ; la vie rayonnait encore dans ses yeux et sur les points saillants de ses joues.

Mais le corps, épuisé de douleurs, trop lourd pour la faiblesse des pieds, semblait se dévouer, une dernière fois, au service de l'âme et profiter d'un sursis arrivé à son suprême moment.

Il ne s'assit point; il tomba sur un fauteuil et pencha son front sous deux larmes que la femme laissa tomber sur lui comme un baptême de mort.

— Mon pauvre Maurice!

Dit Lucrèce avec une de ces voix qui galvanisent un cadavre,

— Mon cher enfant, prenez pitié de vous... vous êtes glacé.

— Je me survis à moi-même,

Répondit Maurice avec un organe éteint; le devoir, un devoir sacré m'a donné une âme nouvelle pour me traîner jusqu'ici. J'ai deux mots à vous dire, et puis, je livre à la terre ou à l'échafaud un corps que la souffrance a tué avant la mort.

La jeune femme prit les mains de Maurice dans les siennes, et cette étreinte maternelle sembla le ressusciter.

L'homme qui souffre retrouve une mère dans la première femme dont il implore le secours.

— Écoutez-moi bien,

Poursuivit Maurice d'un ton plus ferme,

— Il y a en ce moment, rue de Rohan, n° 5, une jeune femme et un cadavre; il y aura bientôt deux cadavres si les secours n'arrivent pas. Il faut sauver la pauvre Louise Genest; demain, elle sera morte de faim et de douleur. Son mari était un excellent ouvrier, doreur sur métaux. Il a fait ce que font tous les malheureux privés de travail : il a conspiré. C'est la seule profession qui reste à ceux qui n'en ont plus. Aujourd'hui la société est inexorable envers les ouvriers; elle leur arrache les nobles outils des mains, et elle punit quand ils prennent les armes du conjuré. Mon ami Genest a frappé à la porte de tous les ateliers de luxe. Il n'y a plus de luxe, lui a-t-on répondu. Alors, il a bien fallu mourir; il est mort. Le grabat lui a épargné l'échafaud... Prenez soin, madame, de la pauvre Louise, je vous confie cette bonne action, avant mon dernier soupir; c'est le seul legs de mon testament.

Un élan du cœur se refléta vivement

sur la figure de Lucrèce, et la réponse attendue tombait de ses lèvres, lorsqu'un bruit de portes ouvertes avec violence les fit tressaillir tous deux et suspendit l'entretien.

Dans l'antichambre, Tullie poussa un cri aigu comme celui d'une sentinelle surprise par l'ennemi, et six hommes armés envahirent le salon.

Maurice et Lucrèce restèrent immobiles, et ne témoignèrent ni terreur, ni étonnement, car, dans les époques de troubles extérieurs et d'agitation domestique, rien ne surprend les âmes fortes.

Elles s'attendent à tout sur le pavé de la rue, et dans les murs de leurs foyers...

Georges Flamant, le chef de l'escouade de police qui occupait le salon, était un homme de quarante ans; il exerçait sa profession depuis l'année 1786, et tous les changements d'hommes, de constitutions et de systèmes le trouvaient debout sur toutes les ruines.

Il avait servi, avec un égal zèle, Louis XVI, la République, le Directoire, et il s'apprêtait à servir le Consulat, en attendant les régimes nouveaux.

Ces hommes qui se perpétuent ainsi et fonctionnent toujours, quand, autour d'eux, toutes les machines se détraquent, ont des secrets de conservation inconnus du vulgaire et des candides historiens.

Pourtant, à force de sagacité et d'étude humaine, on aborde le fond de ces êtres mystérieux, et on explique leur énigme, à voix basse, de peur de souiller ses lèvres en l'expliquant tout haut.

Ce personnage avait un corps tout composé d'angles aigus; on voyait qu'il était né pour prendre, sans jamais pouvoir être pris.

Sa tête et son visage donnaient une idée vivante de ces formidables *sauriens* dont l'empreinte est restée sur les ardoises des fossiles.

Ses yeux, d'un vert mat, démesurément écartés vers les tempes, annonçaient aussi cette faculté d'exploration vaste et continue qui n'appartient qu'aux oiseaux de rapine.

Son teint avait cette pâleur nerveuse que donne l'énergie des passions; ses cheveux, taillés à fleur d'épiderme, ressemblaient à la calotte noire d'un homme d'église ou à la trace d'un coup de foudre tombé sur la tête d'un démon.

Quand on est construit sur ce modèle, on est toujours sûr de trouver de l'emploi dans les officines secrètes de la police.

Les types d'Antinoüs et d'Adonis en sont exclus pour vice de beauté.

Une voix lugubre, qui était bien la voix d'un pareil homme, prononça ces mots :

— *Je vous arrête au nom de la loi.*

— Citoyen Georges Flamant,

Dit Lucrèce avec une ironie stridente,

— Quand une femme vous chasse, vous trouvez tout de suite un procédé ingénieux pour rentrer chez elle. Au reste, je vous attendais. Lorsqu'il y a des espions devant ma porte, je sais que vous n'êtes pas loin.

Et s'adressant à Maurice, elle lui dit, en lui serrant les mains :

— Ne faites point de résistance; suivez ces hommes, ne craignez rien, vous êtes innocent. Robespierre n'est plus roi par la grâce de l'enfer; on n'égorge plus maintenant, on juge; je paraîtrai comme témoin à votre procès, et je révèlerai les infamies qui ont inspiré à cet homme le guet-à-pens où vous êtes tombé cette nuit.

Maurice était sur les limites qui séparent la vie de la mort.

La honte de paraître faible lui donna un instant d'énergie factice.

Il embrassa tendrement la jeune femme et marcha d'un pas ferme jusqu'au seuil de la maison, où stationnait la voiture qui devait le conduire à la prison de la Force, sous bonne escorte.

Georges Flamant resta seul avec Lucrèce, et s'adossant contre une console, il croisa les bras et regarda la jeune femme avec des yeux qui exprimaient tout, excepté la bonté.

— Lucrèce,

Dit Georges Flamant avec une voix qui tremblait sur chaque syllabe,

— Tu sais maintenant que les portes s'ouvrent devant moi, quand je le veux : c'est le privilége de notre état. Aussi les femmes intelligentes se gardent bien de nous consigner à l'antichambre et de faire évader leurs amants par la fenêtre, lorsqu'il y a un pied de neige sur le pavé. On joue ici, chez toi, un mauvais jeu, le jeu de l'amour et du complot. Tu aurais dû me ménager davantage, car tu dois me craindre doublement : je t'aime et je te hais avec une égale passion. Cela t'éclaire sur tes dangers... Voyons, c'est à toi de régler la vie que nous devons mener ensemble. Je ferai ce que tu voudras, l'ami et l'ennemi sont prêts.

Lucrèce appuyait ses lèvres frémissantes sur son poing droit, et labourait le tapis avec la pointe de son pied.

— Lucrèce, poursuivit Georges Flamant, le silence est la plus irritante des réponses. Ne sois pas ton ennemie. Aime-toi un peu, toi qui en aimes tant d'autres. Réfléchis. Tu es au bord d'un précipice; ma bonté te retient encore par un fil; si je le coupe, tu tombes, et tout est fini pour toi.

La jeune femme se précipita vers le guéridon, et agita vivement sa sonnette, pour appeler Tullie à son secours.

— Oh! ma petite ingénuité de Lucrèce, — dit Georges en riant, — tu peux sonner le tocsin, ta femme de chambre ne l'entendra pas.

Lucrèce regarda fixement Georges, avec toutes les convulsions de l'effroi.

— En ce moment, continua-t-il, ta complice entre à la Salpétrière ou aux Madelonnettes...

— Ma complice! interrompit Lucrèce, de quelle infâme calomnie, de quelle indigne délation êtes-vous l'agent?

— A la bonne heure! dit froidement

Georges; le silence est rompu... Il n'y a pas de calomnie, ma chère petite Agnès. Tullie et toi, vous êtes placées hors de la loi commune. On vous tolère, on ne vous protége pas. La police a le droit de vous traiter comme bon lui semble, surtout lorsque vous profitez de sa tolérance pour conspirer ici avec des jacobins, des chouans et des septembriseurs.

— Vous mentez! s'écria Lucrèce! vous mentez comme un démon de luxure et de fausseté que vous êtes!

— Ne nous fâchons pas, ma toute belle, — dit Georges avec un ton d'une douceur effrayante, — nous allons nous expliquer à l'amiable; cela vaut mieux.

Et il tira de sa poche une liasse de manuscrits, en poursuivant ainsi : — Connais-tu cette écriture?... Bon! la pâleur qui te couvre le visage me répond : Oui. Tu la connais... nous venons de faire une petite perquisition au domicile de Maurice Dessains et de son ami Genest, et voilà ce que nous avons trouvé : une bonne correspondance avec les Jacobins les plus compromis. Rien que cela. Il y a de quoi faire tomber trente têtes sur l'échafaud. Veux-tu lire un de ces papiers?... tiens, prends au hasard. Ce sera le dernier billet doux de ton bien-aimé Maurice.

Une sueur froide couvrait le visage de la jeune femme, Georges continua :

— Et, maintenant, tu vas voir si je suis le démon que tu dis... Voilà trente pièces qui conduisent demain ton Maurice à la guillotine. Si je les jette dans ce feu, il n'y a plus de charges criminelles contre lui; la tête de Maurice est dans tes mains : tu peux la sauver ou la perdre. Choisis.

Georges Flamant tenait les papiers suspendus sur la braise et regardait Lucrèce avec des yeux de tigre amoureux.

A la rue Mesnars.

(SUITE.)

VIII.

Il y a des idées secourables que Dieu nous envoie dans les situations désespérées, comme la planche que le naufragé trouve en pleine mer, quand ses bras de nageur ne fonctionnent plus.

Lucrèce fut soudainement illuminée par un rayon d'espoir, et sa figure, sa voix, sa pose prirent un caractère nouveau.

— Citoyen Georges Flamant,

Dit-elle avec un ton dédaigneux,

—Vous êtes libre dans vos actions, même chez moi. Ainsi, il vous est permis de brûler ces papiers, écrits par un enfant étourdi et peu dangereux.

—Et après?—demanda Georges, d'une voix émue.

— Eh bien! après, vous serez étonné d'avoir fait une bonne action contre vos habitudes.

— Voilà tout, Lucrèce?

— Vous êtes bien exigeant, citoyen...

Alors, si une bonne action ne vous suffit pas, vous en ferez une autre, vous mettrez Tullie en liberté.

— Ensuite?

— Ensuite, si vous prenez goût aux choses nobles et délicates, vous vous ferez honnête homme, quoiqu'un peu tard.

— Je ne m'attendais pas, Lucrèce, à trouver ici des leçons de morale et de vertu.

— Flamant, à côté de vous, je me crois un ange! Pardonnez-moi mon ambition.

—Lucrèce, vous avez des railleries charmantes, mais elles manquent d'à-propos; vous vous faites d'étranges illusions sur votre état.. je ne suis pas venu ici pour écouter vos impertinences, mais pour vous éclairer... J'ai trois mandats d'arrêt dans ce portefeuille; le troisième est lancé contre vous. Un de mes agents est là dans votre vestibule, et la voiture qui doit vous conduire à la Salpétrière vous attend au coin de la rue Mesnars... Vous connaissez maintenant mon pouvoir et votre danger... Avez-vous encore quelque sarcasme en réserve dans votre esprit ?

— Citoyen Flamant,

Dit la jeune femme avec le plus grand calme,

— Vous avez admirablement combiné votre affaire ; vous avez tout prévu : vous méritez de réussir. Une seule chose a échappé à votre intelligence ; le plus rusé démon ne s'avise jamais de tout. Le rôle que vous jouez si bien n'est pas nouveau; vous refaites ce que mille autres ont fait avant vous, et avec succès, dans les dernières années de la Terreur. Une femme, poursuivie par la brutale passion d'un homme, se trouve compromise dans l'horrible position où je suis ; pour sauver la vie des siens et pour se sauver elle-même, elle succombe : c'est inévitable, c'est obligé, c'est attendu. Eh bien, citoyen démon, je veux coudre une variation à cette histoire uniforme.... faites avancer la voiture de la prison : je vous suis, emmenez-moi.

La jeune femme se leva vivement, prit

son manteau fourré, rabattit le capuchon de soie noire sur sa tête, et fit le signe résolu qui veut dire :

— Précédez-moi, je vous suis.

Flamant resta interdit, comme le pilote qui sur une mer unie trouve un écueil que la carte n'a pas prévu.

— Pauvre femme ! pauvre étourdie ! — dit-il après réflexion ; vous ne savez donc point où va vous conduire ce premier pas que vous faites ?

— S'il ne me conduit pas dans vos bras, j'accepte l'échafaud,

Répondit Lucrèce d'un ton résolu et écrasant.

Pour modifier un peu l'héroïsme de

cette réponse, l'historien est obligé de dire que la jeune femme comptait sur l'expédient secret dont nous avons parlé plus haut, et qui s'expliquera plus tard, comme l'exige l'intérêt du récit.

— Belle Lucrèce,

Dit Flamant, avec une voix où le fiel s'enduisait d'une couche mielleuse,

— Vous consentez donc à quitter ce boudoir voluptueux, ces meubles de satin, ces lambris d'or, pour le cachot fétide, le grabat de paille des criminels? Vous consentez à mourir jeune, belle, adorée, à passer de votre lit de soie sur la planche de l'échafaud, et de la main qui vous caresse à la main qui vous tue?Réfléchissez,

Lucrèce. Des femmes aussi jeunes, aussi belles que vous, et bien plus honorées, ont trouvé un peu de paille pour leur dernière couche, et pour dernier amant le bourreau !

— Eh bien, dit Lucrèce, voilà justement ce qui me donne la force et ce qui fait ma consolation. Vous n'aviez pas besoin de me rappeler ces glorieux exemples, je les savais par cœur, et j'y songeais en ce moment.

— C'est incroyable ! dit Georges en frappant ses mains l'une contre l'autre.

Vraiment, je ne comprends pas...

— Ah ! dit Lucrèce, vous ne comprenez pas ! et moi, je vous comprends très-bien.

Les hommes ont de singulières idées sur les femmes ! Certes, je n'aurais garde de faire parade de ma pruderie et de ma vertu. J'ai été prodigue du bonheur que je puis donner aux autres, et je ne me repens pas d'une vie qui n'a rendu malheureuse que moi. Si un sourire de mes yeux, si un souffle de mes lèvres pouvait rendre la vie à un homme inconnu, tombé à mes pieds dans une agonie d'amour, je relèverais cet homme en lui disant : Vivez ! Mais vous, Georges Flamant, s'il fallait choisir entre la première de vos caresses et le dernier coup de hache du bourreau, je n'hésiterais pas un moment : j'embrasserais la hache, et je vous repousserais. Voilà les femmes! Des hommes comme vous ne les comprendront jamais.

— Lucrèce, — dit Flamant, avec une voix agitée par une colère sourde, — de plus fières que vous se sont un jour humiliées. Vous êtes en mon pouvoir, comme une esclave. Votre état vous met en dehors de toute protection. La loi ne s'est occupée de vous que pour vous flétrir et vous inhumer de votre vivant. Vous n'avez pas même un nom, car celui que je vous donne ne vous appartient pas. Regardez autour de vous : il y a un désert et moi. Votre énergie de ce moment n'est qu'une colère folle. Trois nuits d'insomnie, un grabat de paille infecte et le régime du pain noir affaiblissent les plus forts et apprivoisent les plus fous. Lucrèce, nous nous reverrons. Aujourd'hui, vous refusez mon amour; demain, je vous accorderai ma pitié.

Flamant fit un geste brusque, et marcha vers la porte du salon.

— M'est-il permis, dit Lucrèce, d'écrire quelques lignes et d'apporter à la prison ce qui m'est...

— Rien ne vous est permis, — interrompit brutalement Georges.

Suivez-moi.

Il ouvrit la porte et dit à l'agent qui se promenait dans l'antichambre :

— Ici, Jean Bon-OEil. Écoute. Tu garderas cet appartement toute la nuit. Demain, au jour, nous viendrons apposer les scellés partout.

Jean Bon-Œil, espèce de lévrier, habitué à marcher sur deux pattes, entra dans le salon, ferma la porte, et, transi de froid comme tous les animaux de son espèce au mois de décembre, il s'étendit voluptueusement sur le tapis, devant les chenets, et s'endormit.

Flamant conduisait sa victime à la prison.

Le portier, se croyant enfin délivré des soucis de cette orageuse soirée, réfléchissait profondément dans sa loge, et se soumettait à un sévère examen, pour se demander s'il n'avait rien dit ou fait pour se compromettre aux yeux de la police, lorsqu'un violent coup de marteau asséné par une main despotique, ébranla le vestibule, comme un coup de foudre égaré au milieu de l'hiver.

La main qui tira le cordon tremblait sur ses cinq doigts.

Un homme entra, et sa respiration orageuse annonçait quel genre de voix allait éclater aux oreilles du portier.

— C'est ici que demeure la citoyenne Lucrèce Dorio?

Demanda le nouveau visiteur avec un organe de mistral.

— Oui,

Répondit le portier, toujours persuadé qu'on n'est jamais compromis par un monosyllabe.

— Au rez-de-chaussée?

— Oui.

Le nouveau venu se précipita vers la porte indiquée, l'ouvrit comme s'il l'eût enfoncée, et s'arrêta un instant sur le seuil, comme s'il eût été ébloui par le luxe merveilleux du salon où il entrait.

— Il n'y a personne ici? cria-t-il en avançant de deux pas.

A cette interrogation, qui aurait réveillé les morts comme une trompette de Josaphat, l'agent de police, endormi devant la cheminée, se leva nonchalamment et frotta ses yeux qui refusaient de s'ouvrir.

— Je suis Sidore Brémond, natif de La Seyne, dit le marin, et je viens ici chercher mon fils qui a changé de nom, comme tout le monde, et qui s'appelle Maurice Dessains.

Jean Bon-OEil regarda le marin avec un sourire de faune railleur, et s'assit en couvrant ses jambes longues et grêles des vastes draperies de sa redingote chamois.

Sidore Brémond poursuivit :

— J'ai attendu la réponse du citoyen préfet jusqu'à présent, à l'hôtel de *l'Ancre-d'Or*, et voici le billet que je reçois........

« Votre fils, sous le nom de Maurice Des-

» sains, est en ce moment chez la citoyenne
» Lucrèce Dorio, rue Mesnars, 1. S'il en est
» temps encore, faites-le sortir tout de suite
» et quittez Paris avec lui cette nuit même...»

— Eh bien! — continua le marin, en frappant l'épaule de l'agent de police,

Que dites-vous de cela?

Jean Bon-Œil haussa les épaules et poussa un rugissement sourd.

— Je crois que ce citoyen se moque de moi,

Dit le marin dans un *a parte* menaçant.

— Êtes-vous muet, citoyen?

Un râle strident courut entre les larges lèvres du limier de la police, et son regard, obliquement braqué sur le marin, prit une expression fauve qui était l'éclair d'un coup de foudre.

— Tu me menaces!

Dit le marin en dégourdissant son bras droit.

— Tu crois me faire peur avec ta face d'excommunié? J'en ai bien vu d'autres! Prends garde! j'ai la peau sensible et le poignet dur comme un cabestan. Si je te cueille entre mes deux doigts, je te fais faire un demi-cercle dans l'entrepont, et je t'envoie à tribord, comme une gargousse qui a perdu son boulet.

— Et moi!

Cria le sbire d'une voix sifflante,

—Je t'arrête au nom de la loi.

Et il saisit vivement le collet de la veste bleue du marin.

— Ah ! tu m'arrêtes ! dit le marin ; et moi je te coupe, avec un boulet ramé, comme un mât d'artimon.

Cela dit, Sidore Brémond étreignit le sbire dans ses deux mains, comme dans un étau, et le renversant dans toute sa longueur sur le tapis, il ajouta :

— Si tu fais un geste, je t'étends sous la cheminée, et je te rôtis des deux côtés comme saint Laurent... A présent, tu vas me répondre, et tout de suite..... Le citoyen Dubois, qui sait tout, m'a assuré que mon fils est ici. Donc il y est. Cette citoyenne

Lucrèce Dorio est sa maîtresse, ou quelque chose comme ça : je le devine sans être sorcier. Je devine aussi que mon fils court de grands dangers avec cette citoyenne qui veut se faire épouser par lui, demain. C'est pour sauver mon fils de ce mariage de que le préfet de police me lance ici comme une bombe ; me voilà. Où est mon fils?

— Vous voulez le savoir? — dit Jean Bon-Œil, étouffé sous le genou du marin.

— Parle donc.

— Et quand vous le saurez, vous sortirez d'ici?

— Oui.

— Votre fils a été arrêté ce soir.

— Arrêté par qui?

— Par la justice.

— Quelle justice ?

— La nôtre.

— Arrêté, pourquoi ?

— Comme jacobin et conspirateur.

— Tu ments ; c'est impossible.... Fais-moi parler à la citoyenne Lucrèce Dorio...

— Elle est arrêtée aussi...

— Ne bouge pas, reste à l'ancre ; je vais interroger le portier.

Le marin sortit du salon, et le portier, chassé du retranchement ordinaire des monosyllabes, finit par confirmer la triste vérité à Sidore Brémond.

Le malheureux père resta quelque temps immobile de stupeur.

Et, comme on lui fit observer qu'un étranger ne pouvait passer la nuit dans la maison, il se dirigea lentement vers la porte, et, quand il se trouva dans la rue, sa première idée fut de courir chez le citoyen préfet Dubois.

En ce moment, minuit sonnait à l'horloge de l'arcade Colbert.

Sidore Brémond secoua tristement la tête comme pour se dire à lui-même qu'une visite au préfet de police était impossible à une heure aussi avancée.

Il renvoya donc cette visite au lendemain.

Comme il se dirigeait vers la rue de l'Échelle, en passant dans la rue Traversière-Saint-Honoré, il s'arrêta pour prêter l'oreille à un groupe de nouvellistes que les patrouilles n'avaient pas encore dispersés.

— Je vous affirme, disait une voix, que le complot est tout royaliste.

La machine a été faite en Angleterre par le neveu de Demerville qui est un chouan reconnu.

— Eh bien! moi, disait un autre, je tiens de bonne source que le fils de l'ex-marquis de Soubrany et le frère de Rommé, ont été vus avant-hier rue de l'Amandier, dans la remise d'un charron...

— Quest-ce que ça prouve?

Interrompait une voix impatiente,

— Moi aussi j'étais chez un charron avant-hier.

— Oui, continuait l'autre, mais tu n'as pas commandé à ce charron des roues creuses et une petite voiture suspecte; et tu n'as pas conspiré, toi, contre les thermidoriens, comme les Bourbotte, les Goujon, les Romme et les Soubrany.

— Il y a des uns et des autres comme au 13 vendémiaire,

Hasardait timidement quelqu'un.

— Pas du tout, remarquait un homme instruit.

Au 13 vendémiaire, il n'y avait que des royalistes, et la preuve c'est que les trois colonnes qui marchaient sur la Convention étaient commandées par deux généraux vendéens, Lafont et Dabican.

— C'est juste! observèrent plusieurs voix.

— Cependant un commissaire de police vient de me dire, — observa un nouveau venu,

Qu'on a arrêté ce soir des hommes de tous les partis, et même des femmes.

— Allons donc, des femmes! dirent quelques voix d'incrédules.

— Oui, des femmes! continua l'autre; j'ai vu la police entrer rue Mesnars, 1, et en sortir avec deux prisonniers : une femme, une femme superbe! et un jeune homme, maigre et pâle, qui avait une

tournure aristocrate comme un fils d'é-
migré.

Sidore Brémond n'eut pas la force d'en entendre davantage.

Il essuya deux larmes qui brûlaient ses joues, et leva les yeux au ciel, comme font tous les marins du Midi aux heures d'angoisse.

Puis il reprit lentement le chemin de l'auberge de *l'Ancre-d'Or*.

La transportation.

IX.

Dans les premiers jours de février 1801, la corvette *l'Eglé* sortait de Rochefort par une bonne brise qui jouait dans toutes ses toiles, et la faisait voler comme un goëland sur l'écume de la mer.

En mettant quelques-uns de ses passagers en scène, nous comblerons la lacune des détails intermédiaires, et rien ne manquera au récit de ce qui doit le rendre complet :

— Nous marchons très-bien,

Dit un jeune homme, en se retournant du côté du pilote, comme s'il eût voulu entamer tout de suite une conversation.

— Nous filons dix nœuds,

Dit le pilote sans avoir l'air de répondre.

— Dix nœuds ?.. eh !

Dit le passager, comme s'il eût compris.

— Nous courons *babord-amures*, depuis

un quart-d'heure, dit le timonier ; le vent vient de sauter du nord-nord-ouest au sud-est.

— Ah !

— Fit le passager avec un geste qui voulait indiquer la variation du vent, et qui la prenait au rebours.

— Citoyen, demanda le pilote, est-ce la première fois que vous naviguez?

Oui, timonier.

Pendant ce début d'entretien, le passager et le pilote avaient l'air de parler au hasard, sans trop se préoccuper de ce qu'ils disaient.

Chacun d'eux portait sur sa figure et dans ses yeux cette expression indécise qui veut dire : Je ne sais trop où j'ai vu cet homme, mais je l'ai vu quelque part.

Enfin, le pilote formula, le premier, cette pantomime en paroles, et le passager lui dit :

— Il faut que vous soyez excellent physionomiste, si vous me reconnaissez, car moi qui me suis connu toute ma vie, je ne me reconnais plus, quand je passe devant un miroir.

— Oh! c'est parce que vous avez changé d'habit, peut-être...

— J'ai changé de tout, mon brave timonier. Mon costume et ma toilette m'auraient trop gêné en mer. J'ai taillé mes cheveux à la Titus; j'ai pris un large pantalon, en sacrifiant la beauté de ma jambe, et j'ai adopté la carmagnole et les souliers à cordons.

Le pilote donna un coup de poing sur la barre du gouvernail, et s'écria :

— J'y suis maintenant, c'est vous !

Puis sa figure prit une expression étrange, et ses lèvres se fermèrent hermétiquement, comme s'il eût regretté une imprudente exclamation.

— Mais c'est bien vous ! dit le passager....

Le timonier se leva vivement, et prononça un *chut* étouffé par la prudence et accompagné du geste impérieux qui ferme la bouche qui va parler trop haut.

— Vous êtes donc ici en contrebande ? demanda le jeune homme, en se rapproprochant avec mystère de son interlocuteur.

— Vous êtes un honnête homme ? dit le marin.

— Je ne suis que cela.

— Continuez... car au moindre écart, mon beau damoiseau, je vous envoie par dessus les *bastingages*, dans la République des requins.

— Ah! mon brave pilote,

Dit le passager en riant.

— Vous êtes un ingrat. Vous avez donc oublié que je vous ai soutenu dans mes bras au tribunal, quand vous avez entendu prononcer la condamnation de votre fils, et que je vous ai accompagné à votre auberge de l'*Ancre d'or*....

— C'est vrai,

Interrompit le marin avec émotion.

— Mais excusez-moi; j'ai ici auprès de moi un trésor, et je tremble de me le voir enlever à la moindre indiscrétion.

— Votre fils Maurice est parmi les déportés de Madagascar.

— Oui.

— Dieu soit béni ! Il a évité Cayenne... Il est vrai que Madagascar n'a pas aussi une très-bonne réputation de salubrité.

— Pardon, citoyen passager, j'ai oublié votre nom... ou pour mieux dire, je ne l'ai jamais su.

— Michel-Ange Saint-Blanchart, et depuis l'an II, Alcibiade tout court.

— Moi, je suis Sidore Brémond, de la Seyne.... marin, de père en fils, depuis l'arche de Noé... Ainsi, je connais Cayenne et Madagascar comme les deux pouces de mes mains. A Cayenne, il y a des maladies de foie, à Madagascar, il y a des fièvres qui tuent. Quand la justice déporte des criminels, elle ne les envoie pas dans des paradis terrestres. Elle choisit, sur la carte, ce qu'il y a de mieux dans le mal, et sa clémence est pire que la cruauté. Le bourreau tue d'un seul coup ; le climat n'est pas aussi expéditif, il lui faut un an pour la même opération...

— Aussi, interrompit Alcibiade, je compte bien traverser Madagascar comme un oiseau de passage, et aller m'établir ailleurs.

Pas si vite, citoyen Alcibiade,

— Dit le marin en secouant la tête.

— Il y a des hommes qui valent mieux que leur réputation. Madagascar est comme ces hommes. Je connais cette île comme le fond de ma bourse quand elle est vide. J'ai relâché deux fois à Port-Dauphin, et à Nossy-Bay quand je naviguais sur *le So-lide* de la maison Elysée Baux, capitaine

Marchand ; Dieu veuille avoir son âme!..

— Il est mort?

— Non, il s'est tué... Je puis donc, citoyen Albiciade, vous rassurer tout-à-fait sur Madagascar. Cette grande île a son bon côté comme votre femme, si vous en avez une. Ne craignez rien. Quand le moment viendra, nous en parlerons. Le capitaine Marchand (que Dieu ait son âme)! me disait toujours : Sidore, quand tu verras des caquiers entre les tropiques, tu peux dire : Cette terre est habitable pour l'homme. Le caquier est un arbre qui produit des fruits rouges et d'une chair délicate, qui craignent le mauvais air comme nous chrétiens. Je sais, à Madagascar, un coin où les caquiers sont aussi nombreux que les pins dans le bois de Cuges. C'est là que je déposerai mon pauvre fils Maurice, et j'espère bien qu'il vivra...

— Permettez-moi de vous dire, interrompit Alcibiade, que je connais beaucoup le citoyen votre fils; c'est un jeune homme très-distingué, plus étourdi que coupable, et très-sobre de caractère, comme tous ceux qui ne jouissent pas d'une bonne santé. Donnez-moi des nouvelles toutes fraîches de ce pauvre Maurice Dessains? Comment se porte-t-il maintenant?

— Aussi bien que possible, grâce à Dieu! Les mêmes choses qui tuent les uns font vivre les autres. Toutes ces secousses l'ont ranimé. *L'agitation du malheur boucane l'homme,* comme disait Vilepran, le flibustier de Saint-Domingue ; et quand nous sommes ainsi *boucanés,* l'âme ne trouve pas une brèche pour sortir de notre corps... Ce matin, j'ai questionné avec insouciance le médecin du bord sur la santé de quelques déportés, pour savoir des nouvelles de l'état de mon fils.

— Ce jeune homme, m'a-t-il dit d'un ton de prédicateur, a de précieuses ressources ; il a des tubercules au poumon, c'est évident, mais il y a chez lui une vigoureuse réaction de jeunesse, qui, secondée par le changement d'air, cicatrisera les tubercules. Je pourrais même affirmer qu'il débarquera au port de Madagascar, en ne conservant de lui que son nom, comme cela est arrivé au navire *Argo*, qui, ayant été radoubé vingt fois dans la traversée, laissa en mer toute sa vieille charpente, et ne garda du départ que les quatre lettres d'*Argo*.

—Comment ! dit Alcibiade, nous avons ici un docteur de cette force-là ? j'en aurai soin... Continuez, citoyen, je veux savoir ce qu'a dit votre fils quand il vous a retrouvé ici.

Le marin fit un sourire dont la parole allait traduire la singulière expression.

— Vous n'avez donc pas lu, citoyen Alcibiade, l'ordre du jour que le capitaine a placardé au grand mât?

— Non. J'ai bien vu le placard; mais, comme j'ai six mois pour le lire, je ne me suis pas pressé.

— Diable! il faut lire les ordres du jour, citoyen Alcibiade: celui dont je vous parle défend à tous les hommes de l'équipage d'adresser la parole à un transporté, sous peine de mort.

— Comment dit, Alcibiade, vous allez voyager avec votre fils jusqu'au bout du monde, et il ne vous sera pas permis de lui dire un mot sans courir le risque d'être pendu à la grande vergue comme un forban!

— Ah! citoyen Alcibiade, les capitaines ne plaisantent pas. Ce sont des despotes et des tyrans, salés par l'air de la mer, et doublés en cuivre comme leurs vaisseaux; ce sont les martyrs du devoir; ils se pendraient eux-mêmes s'ils se surprenaient parlant à un déporté par distraction.

— C'est incroyable, dit Alcibiade, que sous un régime de République...

— La République, interrompit le marin, n'existe que sur la terre et au ciel, mais en mer elle jetterait bientôt son bonnet par-dessus les mâts. En mer, il n'y a qu'une bonne tyrannie qui puisse nous donner la liberté. Moi, je suis marin, et je suis partisan du despotisme à bord.

— Ainsi, mon brave timonier, vous vous résignez à voir votre fils à distance pendant un mois?

— Sans doute... d'ailleurs j'ai juré d'être un modèle de bonne conduite...

— A qui avez-vous juré cela?

— Au premier consul.

— Vous connaissez le premier consul?

— Parbleu! il a servi avec moi en Égypte.

— Charmant! le marin.. et le premier consul sait que vous avez un fils dans les cent trente déportés qui sont partis de Nantes et de Rochefort?

— Non, non, non, citoyen Alcibiade; jamais je n'aurais eu la force d'avouer à mon général la faute de Maurice;... mais j'ai profité de la protection que le premier consul m'accorde pour obtenir, en vingt-quatre heures, du ministre de la marine la place de pilote à bord de l'*Églé*. Dieu fera le reste. J'ai obtenu même la permission de rester à Madagascar, si cela me convient, et nous avons ici un pilote pour me remplacer...

— Ainsi quand vous rencontrerez, sur le pont, votre fils, vous ne lui parlerez pas?

— Oui, citoyen Alcibiade...

— Ce sera fort, pilote Brémond ! Je n'ai pas l'honneur d'être père de quelqu'un comme Maurice, mais je sais bien qu'il me serait impossible de fermer ma bouche et mes bras devant un tel fils, d'ici à Madagascar.

— Citoyen Alcibiade, nous sommes, nous, de vieux républicains trempés dans les eaux de Syrie, comme des lames d'acier. On nous répète à chaque instant qu'il s'est trouvé à Rome un père qui a tué son enfant conspirateur. Il m'est encore plus facile de ne pas embrasser le mien, et de le traiter en inconnu pendant six mois. Mon sacrifice à la patrie est plus léger, n'est-ce pas ?

— C'est juste, Sidore Brémond ; je n'avais pas songé à Brutus ; merci de la leçon.

— Soyez tranquille, je vous en apprendrai bien davantage, avec le temps, citoyen Alcibiade. J'ai fait deux fois le tour du monde. J'ai couru les mers avec d'Estaing, Lapérouse, Surcouf, Marchand et Brueys. J'ai parlé à tous ces grands hommes comme je vous parle à vous. Mon éducation, vous voyez, n'a pas été faite chez un maître d'école de village, et comme je ne suis pas né trop bête, ainsi que tout marin du Midi, j'ai profité des leçons de mes précepteurs. Vous verrez.

— Allons! dit Alcibiade, j'entre à votre école, et je viendrai m'asseoir sur ce banc tous les jours... de quelle manière pourrai-je payer vos leçons, mon cher pilote?

— Vous serez pendant toute la traversée le père de mon enfant. Vous n'appartenez pas à l'équipage, vous : il ne vous est donc pas défendu de parler à nos déportés. Eh bien ! vous pourrez m'être utile et me rendre service tous les jours.

— De grand cœur, Sidore Brémond, — dit Alcibiade en serrant la main du pilote.

— Et pour commencer, poursuivit le marin, rendez-moi un premier service... Descendez à l'entre-pont ; passez, comme par hasard, devant la cabine n. 3 ; causez un instant avec Maurice, et revenez me donner de ses nouvelles. Je brûle de savoir comment il supporte la mer.

Alcibiade exécuta sur-le-champ l'ordre paternel avec beaucoup de délicatesse, et vint rendre ainsi compte de sa mission :

— J'ai vu Maurice ; il dort dans sa cabine, et son sommeil paraît fort tranquille. J'ai bien regardé surtout son visage ; rien n'y annonce la souffrance intérieure ; toutes les lignes en sont calmes, et la respiration est douce, comme celle d'un enfant au berceau.

— Merci, merci,

Dit le marin en riant avec des larmes.

— Oh ! la mer ! la mer ! quel médecin

du bon Dieu! quand elle ne tue pas sur le coup, elle donne la force et la vie! le capitaine Marchand disait quelquefois : *La mer guérit de tous les maux de la terre.* Il avait bien raison !... J'en ai tant vu de miracles comme celui-là !... Vous l'avez connu bien souffrant, mon fils, n'est-ce pas, citoyen Alcibiade?

— Je l'ai connu agonisant; mais je voyais dans ses yeux, qu'il y avait de la ressource chez lui.

— Excusez-moi si je vous accable de questions, les pères sont comme ça... Avez-vous connu les relations de Maurice avec une femme de la rue Mesnars?

— Oui, répondit Alcibiade, avec un violent effort.

— Qu'est-ce que c'est que cette femme-là ?

— Cette femme... Oh ! une très-bonne femme... une femme du monde... du grand monde... la citoyenne Lucrèce Dorio.

— A-t-elle été jugée comme complice de mon fils ?

— Oh ! la police a étouffé cette affaire. Avec les femmes, la police ne se gêne pas. On les emprisonne, et tout est dit. On économise ainsi les avocats et le papier timbré... La citoyenne Lucrèce Dorio est aux oubliettes... *Quintidi* dernier, avant de partir, j'ai fait encore une tentative pour découvrir cette pauvre Lucrèce. J'ai perdu mes pas.

— Mais pourquoi diable aussi les femmes conspirent-elles? C'est un métier d'homme, et encore il ne vaut rien.

— Lucrèce Dorio ne conspirait pas du tout, dit Alcibiade avec vivacité.

— Et pourquoi donc l'a-t-on arrêtée avec mon fils! Ces injustices sont, sans doute, ignorées du premier consul?

— En France, nous sommes encore un peu dans le chaos; tout n'est pas bien débrouillé. Aussi je vais à Madagascar pour donner le temps à la justice de se faire juste, et à l'horizon de se faire clair.

—Ah !

Dit le marin, en jetant les yeux vers l'échelle des écoutilles, — voilà une découverte à laquelle je ne m'attendais pas! Nous avons des passagères à bord !

— Il y en a même de fort jolies, dit Alcibiade... Elles viennent prendre l'air sur le pont.

— Elles paraissent bien tristes, ces pauvres femmes,

Dit le marin ; — sont-elles déportées aussi ?

— Non, dit Alcibiade avec embarras. — On est toujours triste quand on quitte son pays... La gaîté leur reviendra bientôt, j'espère... Me permettez-vous, mon brave pilote, d'aller causer un instant avec quelques-unes de ces passagères ?

— Ah ! citoyen Alcibiade,

Dit Brémond en riant,

— La traversée ne vous paraîtra pas longue, au milieu de cette cargaison.

Le jeune homme salua légèrement le pilote d'un double signe de main et de tête, comme pour lui dire :

—A bientôt.

Physionomie du bord.

X.

Nes jeunes passagères s'étaient assises sur une longue banquette du côté de la poupe du vaisseau, et, comme les femmes dont parle Virgile, *elles regardaient la mer en pleurant* (1).

(1) *Pontum adspectabant flentes.*

Une d'elles, placée à l'écart sur un amas de toiles et de cables, ne pleurait pas; mais ses yeux ressemblaient à deux sources taries qui n'ont plus rien à donner; ils avaient la teinte de l'épuisement.

Cette pauvre créature ne rencontrait aucune distraction dans un spectacle si nouveau pour elle.

Dans ce merveilleux mouvement qui emporte une planche sur l'abîme.

Dans les chants des matelots délivrés de la terre.

Dans les murmures des voiles, des pavillons, des flammes, des cordages, des vergues, qui sont les cris de joie du vaisseau, qui part, sous de beaux auspices, entre le double azur de l'Océan et du ciel.

Notre jeune passager Alcibiade s'arrêta respectueusement à quelques pas de cette femme, qui lui fit un de ces saluts imperceptibles, remarqués de ceux qui les reçoivent.

— Eh bien, Louise, comment vous trouvez-vous ?

— Un peu mieux..., merci,

Répondit la jeune femme, avec un sourire qui venait de la source des larmes.

— Un peu de patience, ma pauvre Louise, croyez-moi. Je n'arrive pas ici pour vous consoler. Les consolations viennent du temps, et non pas des hommes.

Vous avez tout souffert déjà, si jeune, et vous n'avez plus rien à connaître dans le malheur, que la guérison.

— Citoyen Alcibiade, partout où je vois des hommes, je vois des insultes... Dites-moi, y a-t-il encore ici quelques affronts à recevoir?

— Ici, Louise ! oh ! ne craignez rien. Vous êtes entourée d'honnêtes gens. Ce vaisseau est un asile pour vous. Chaque matelot serait au besoin votre protecteur. Vous verrez, en voyageant, des pays sauvages, mais soyez tranquille, vous ne retrouverez nulle part votre mansarde de la rue de Rohan.

— Mais je retrouverai partout mes souvenirs, dit Louise avec un accent de mélancolie mortelle.

— Vous vous en créerez de nouveaux, et ceux-là chasseront insensiblement les anciens. Dans un long voyage, chaque jour crée des souvenirs préparés pour le lendemain : au bout de six mois notre tête en sera pleine à tel point que notre existence parisienne ne sera plus qu'un rêve. L'essentiel est de ne pas se laisser écraser par le présent, car l'avenir ne se charge de notre guérison qu'à condition que nous serons assez forts pour l'attendre. Rappelez-vous, Louise, le jour où je vous ai vue pour la première fois ; c'était au commencement de la décade dernière. Vous aviez subi en peu de temps tout ce qu'une femme ne peut pas subir ; vous aviez perdu votre mari Genest, et votre protecteur Maurice Dessains ; vous étiez sans pain, sans asile, sans ressources, et pourtant votre jeunesse se rattachait à la vie, et se cramponnait au bord du tombeau pour ne pas y descendre..... Ne rougissez pas de ce que vous avez fait ensuite, pauvre Louise. Il est si doux de vivre quand on est jeune !... Vous avez cru trouver un ami généreux dans le premier homme qui s'est présenté à vous, et vous n'avez rencontré qu'un secours de passage, un abandon, une honte. Ce premier ami était un scélérat qui fait métier de ces infamies, et qui se protége lui-même avec un autre métier. Alors il vous est arrivé, Louise, ce qui est arrivé à bien d'autres : l'égoïsme vous ayant refusé une assistance désintéressée, il a fallu vous donner pour recevoir, triste échange que vous n'avez pas voulu continuer, et qu'une révolte sublime contre vous-même a chassé de votre maison ! Vous avez appelé à votre secours le repentir qui purifie et la mort qui délivre, et je me suis trouvé sur votre chemin pour vous relever avec une parole d'espoir et vous montrer une vie nouvelle dans un monde nouveau. Comparez maintenant le dernier jour de votre mansarde et le premier jour de ce voyage, et vous verrez que le progrès vers le bien est déjà très-grand, et qu'avec un peu de courage, votre convalescence d'aujourd'hui s'appellera guérison demain.

Louise inclina la tête en signe d'approbation et regarda son jeune bienfaiteur avec des yeux où rayonnaient ces actions de grâces qui partent de l'âme.

Le jeune homme lui fit un léger salut de la main, et continua cet entretien dans le voisinage, avec d'autres passagères de l'*Églé*.

Nous connaîtrons mieux bientôt cette mystérieuse mission que le citoyen Alcibiade se donnait, et qui ne pouvait être inspirée que dans ces terribles époques où la société en péril confie son salut à toutes les intelligences et à tous les dévouements.

Au reste, nous n'inventons pas, nous racontons, pour la première fois, ce que l'histoire a oublié.

L'histoire oublie à peu près tout, excepté l'ennui.

En ce temps-là, il y eut donc des juges qui se rassemblèrent dans une de ces salles froides, sombres, humides, qu'on appelle un tribunal.

Ces juges, mal payés, mal nourris, mal logés, mal mariés, étaient descendus des quatrièmes étages de ces rues hideuses qui avoisinent le Palais-de-Justice.

Ils avaient apporté au tribunal leurs ennuis, leurs soucis, leurs souffrances, leurs haines, leurs petitesses, et, sans trop examiner la cause des innocents et des coupables, comme l'histoire les en accuse, ils condamnaient à la déportation tous les prisonniers que la police leur présentait, et qui n'avaient nullement trempé dans le complot infernal de la rue Saint-Nicaise.

Or, pendant que ces mêmes juges continuaient à traîner leur ennuyeuse vie dans la boue infecte des carrefours du temple de Thémis, et dans les brouillards distillés en pluie sur l'ardoise de leurs mansardes, un vaisseau emportait les condamnés vers les régions splendides de l'Équateur.

Parmi ces malheureux, il s'en trouva qui ne voulurent plus se reconnaître pour tels, et qui même osèrent jeter sur leurs juges des regards de commisération du haut de cet Océan qui les berçait dans les flots d'azur et de soleil, en leur promettant des rivages où la terre nourrit l'homme sans lui demander son sang et sa sueur.

Au milieu du jour, quand les premières brises du printemps accoururent du Tropique avec les exhalaisons embaumées de la mer et des fleurs, les déportés s'enivrèrent au spectacle de cette création immense qui semblait n'exister que pour eux.

Ils ouvraient avec délices leurs lèvres à cet air divin qui les purifiait des souillures des villes, et renouvelait leurs âmes et leurs corps, et toutes ces têtes ardentes, où fermentait l'exaltation politique, se remplirent de rêves délicieux qui, sans doute, allaient s'accomplir à cet horizon splendide que la proue du vaisseau leur désignait comme le doigt du géant des mers.

Le spectacle le plus touchant qu'un voyage maritime puisse offrir, est celui de la rencontre de deux vaisseaux sur la vaste ornière de l'Océan.

Les hommes, qui sont toujours prêts à s'égorger dans une bataille civile sur les deux côtés du ruisseau de leur rue, s'embrassent toujours avec des tendresses fraternelles, quand ils se rencontrent, sous le pavillon du même pays, dans les solitudes de la mer.

Alors, ils ne se demandent pas la couleur de leur opinion et la nuance de leur journal ; ils se tendent, les uns aux autres des mains amies, et se partagent leur pain et leur manteau.

Le communisme, inventé par saint Martin, a toujours fleuri à l'ombre des mâts et des voiles ; c'est la religion des marins.

On la retrouverait dans les villes, si les maisons étaient des vaisseaux.

Le navire marchand, l'*Actéon*, parti de Cayenne et faisant voile pour Rochefort, rencontra l'*Églé* en pleine mer, et lui fit des signaux de détresse.

Les deux vaisseaux se rapprochèrent, et

l'*Eglé*, qui avait tout, fit d'abondantes largesses à l'*Actéon* qui n'avait rien.

On navigua de conserve pendant quelque temps, pour se donner des nouvelles de Cayenne et de Paris.

On se rendit des visites à l'aide d'embarcations croisées, et quoique les passagers de l'*Eglé* eussent quitté la France depuis fort peu de temps, beaucoup d'entre eux écrivirent à la hâte des lettres à leurs familles et à leurs amis, et les jetèrent dans la boîte de l'*Actéon*.

Il avait, à coup sûr, à bord de ces deux navires, toutes les opinions qui divisaient alors cette pauvre France éternellement divisée, depuis l'invention de la fraternité.

Il y avait des royalistes, des jacobins, des girodins, des thermidoriens, des modérés, des constitutionnels.

Eh bien ! quand l'*Actéon* qui avait mangé sa dernière ration, eut été ravitaillé généreusement, tous ces hommes qui représentaient la France de 1801 se serrèrent les mains, se baignèrent de larmes, se souhaitèrent toutes les félicités humaines, et leurs adieux se croisèrent longtemps sur la mer, quand les deux navires eurent repris le chemin de leur destination.

Maurice, notre jeune transporté, n'avait pas perdu un seul incident de cette scène.

Il recevait la première des leçons que l'expérience des voyages lui tenait en réserve, et tout ce que nous venons de remarquer plus haut, s'agitait, en réflexion muette, au fond de son cœur.

Trop faible encore pour affronter le grand air du pont, Maurice avait assisté à cette touchante rencontre derrière la vitre de sa cabine, et tout en observant, il avait écrit une lettre, non à sa famille et à ses amis, mais à la seule personne qui remplissait son souvenir et son cœur.

Cette lettre, modèle de candeur et de naïveté adolescentes, était donc adressée à Lucrèce Dorio, que Maurice avait laissée, à la rue Mesnars, le soir de son arrestation.

On jugera des sentiments de ce jeune

homme par l'honnêteté primitive de son style et de son esprit.

« Chère Lucrèce,

» Un poète a écrit cette pensée : *Plus loin les corps, plus près les âmes* !

» Je sens aujourd'hui que cela est profondément vrai.

» Ainsi, plus je m'éloigne de vous et plus je m'en rapproche.

» Quand je serai aux extrémités de ce monde, votre âme, sœur de la mienne, flottera autour de moi dans chaque rayon de soleil.

» Des juges stupides peuvent séparer nos

» corps, mais aucune force humaine ne
» peut briser cette chaîne invisible et im-
» matérielle de deux âmes qui ne sont
» qu'un souvenir.

» Il est plus difficile de mourir qu'on ne
» pense, puisque je suis encore parmi les
» vivants.

» Mais je sais bien d'où m'est venue la
» force au dernier souffle de mon agonie.

» J'ai senti éclater en moi un si violent
» désespoir à l'idée de mourir loin de vous,
» que la mort a reculé devant son œuvre
» et m'accorde un sursis.

» Soyez heureuse dans ce temple d'or et
de soie où votre divinité dérobe au ciel ce
» qu'elle donne à la terre.

» Gardez-moi votre amour qui se com-
» pose de toutes les tendresses écloses dans
» le cœur de la femme, quand elle est à
» la fois épouse, sœur et mère, et je crois
» alors que je pourrai attendre et vivre,
» car mon âme, c'est votre amour.

» Maurice Dessains.

» *A bord de l'Églé, en pleine mer.* »

Comme il pliait cette lettre, le jeune passager, que nous continuerons d'appeler Alcibiade, parut devant la cabine de Maurice, et lui dit :

— Nous avons le meilleur des capitaines ; c'est un vieux républicain d'Aboukir, et tout en faisant son devoir, il aura beaucoup de complaisance pour les déportés, dont il partage sournoisement les opinions. Je vous apporte cette bonne nouvelle, citoyen Maurice Dessains.

Maurice regardait avec de grands yeux ébahis le passager, et cherchait dans ses souvenirs le nom qu'il devait donner à cette figure.

— Vous ne voulez donc pas me reconnaître, citoyen Maurice ?

Dit Alcibiade en souriant.

— Eh bien! je vous laisse chercher; à bord tout sert d'amusement. Je vous livre l'énigme de ma personne... En attendant, je vois que vous venez de faire votre lettre comme tout le monde, et si vous craignez de vous exposer à l'air, qui est très-vif, je serai heureux d'être votre facteur :

Maurice remercia d'un signe de tête, ferma sa lettre, mit l'adresse.

A la citoyenne Lucrèce Dorio, rue Mesnars, 1.

Et la remit au jeune passager, qui s'acquitta tout de suite de la commission.

Sans commettre le délit d'indiscrétion, Alcibiade crut pouvoir lire l'adresse de cette lettre, avant de la confier à un passager de l'*Actéon*.

— Pauvre enfant ! se dit-il, il ignore tout !... Voilà une lettre qui n'arrivera pas à bon port.

Et comme il se dirigeait vers la dunette pour réfléchir sur la conduite qu'il devait tenir vis-à-vis de Maurice, il aperçut Sidore Brémond, assis à côté du banc de quart.

Le pilote fit le signe qui veut dire : Approchez-vous, et dit d'une voix contenue :

— Citoyen Alcibiade, j'ai confié la barre à mon lieutenant, et je suis ici comme un chasseur à l'affût pour voir si *ce que vous savez bien* se montrera. Mon cœur me bat comme la première fois que j'entendis le premier coup de canon de l'Anglais.

— Mon brave timonier, dit Alcibiade en secouant la tête,

— Ce que vous attendez ne paraîtra

pas. Oh ! n'ayez point de souci !... tout va de mieux en mieux... c'est moi qui ai consigné Maurice dans sa cabine ; je suis son second médecin : il en faut toujours un second pour corriger le premier.

— Que Dieu vous rende vos soins !

Dit Brémond en serrant la main d'Alcibiade.

— Voyez-le souvent, et venez plus souvent encore me parler de lui.

— C'est convenu, mon patron... Adieu, j'entends la cloche qui sonne le dîner : je meurs de faim ; l'air de la mer est de l'absinthe première qualité... Encore un mot, mon cher Sidore, comment se fait-il que personne ne soit malade à bord depuis le départ?

— C'est que nous avons eu presque toujours vent arrière, citoyen Alcibiade...

— Ah ! voilà encore une chose maritime que j'ignorais, mon maître.

— Je vous en apprendrai bien d'autres à Madagascar,

Dit le pilote en riant ;

— Mais soyez toujours pour mon fils le second médecin qui corrige le premier.

Nuit des tropiques.

XI.

L'*Eglé* eut bientôt à subir la chance commune à tous les vaisseaux qui sortent d'un port quelconque avec une brise favorable.

La mer est presque toujours tranquille

au rivage, comme pour séduire les voyageurs ; on s'embarque sur la foi de cette promesse azurée ; on rêve une traversée merveilleuse, une promenade à voiles sur un océan qui s'est fait lac dans sa vieillesse, et qui a renoncé à sa vieille haine contre les coquilles à trois-mâts.

Puis tout-à-coup, le soleil se couvre la face, l'eau prend une teinte livide, le navire se plaint, les toiles frissonnent, les mâts pleurent, les pavillons et les flammes ont des accès de folie, et on entend des voix qui disent : *Voilà un grain* !

Un grain ! quel petit mot pour une si grande chose !

C'est la tempête inévitable, c'est l'insurrection des gouttes d'eau, la bataille des vagues et des hommes.

C'est le formidable phénomène que la science met sur le compte du vent, et qui est produit peut-être par de puissantes éruptions volcaniques, ensevelies au fond des abîmes de la mer, et dont le Vésuve et l'Etna ne sont que d'innocents échantillons, des miniatures de cabinet.

Le pont de l'*Eglé*, balayé par le vent et argenté par l'écume des vagues, n'est plus habitable que pour les matelots.

Passagers et passagères gardent leurs cabines, et prient Dieu.

La tempête a cela de bon qu'elle humilie l'incrédulité.

Il y avait, à bord, quelques déportés encyclopédistes, qui traitaient Robespierre de réactionnaire, parce qu'il reconnaissait l'*Être suprême* dans une loi insérée au *Moniteur;* eh bien! ces philosophes, réunis dans le club flottant de l'*Eglé*, priaient Dieu comme les autres, et ne s'en cachaient pas. Il est fâcheux que les écrivains athées du xviiie siècle n'aient pas navigué.

Il était facile de nier Dieu sur le quai des Théatins et dans la rue Guénégaud, quand il n'y avait pas même une barque pour descendre à Saint-Cloud.

Les mauvais jours succédaient aux mauvaises nuits.

L'Océan s'obstine dans ses colères et

dans sa vieille rancune contre les vaisseaux et les marins.

L'Océan a peut-être raison ; il a ses habitants qu'il garde, et il veut que la terre garde les siens, et comme il ne vient jamais se promener dans nos vallons et sur nos montagnes, il s'indigne quand il voit la terre se promener sur lui.

Cependant, lorsqu'on s'approche du tropique, on trouve des vents légers et tièdes, des flots cléments, des régions sereines.

C'est le domaine du soleil ; les vagues somnolentes ont perdu leur énergie ; le démon des tempêtes, vaincu par le feu du ciel, expire de langueur au fond des abîmes.

L'Océan se change en miroir et en lac où se regarde et se baigne le soleil.

Tant que dura cette série d'ouragans, le peuple de l'*Eglé* ne se montra point sur le pont.

Le pilote et Alcibiade n'eurent que de rares et courtes entrevues.

Le devoir enchaînait l'un au gouvernail et l'autre à la couchette de Maurice.

Cependant, comme une succession de tempêtes a son bon côté quelquefois, l'*Eglé*, emportée par les ailes des vents et les cîmes des vagues, avait franchi des distances énormes; la première ligne du tropique fut coupée dans le dernier de ces élans de l'agile corvette.

Un soir, après le coucher du soleil, le vent tomba comme un tyran épuisé par sa violence; la mer se nivela comme une plaine de saphir, et les étoiles se clouèrent au firmament avec un éclat et une prodigalité inconnus dans les nuits brumeuses du Nord.

L'été se révéla soudainement, avec les splendeurs et les parfums de ses nuits.

Il n'y eut pas de transition ; nous, sédentaires habitants des villes, nous sommes obligés d'attendre les beaux jours, un calendrier à la main.

Mais un vaisseau a l'heureux privilége,

au milieu de l'hiver, de déployer ses voiles et de courir à la conquête de l'été.

En ce moment, les juges du 14 nivôse 1801 traversaient le Pont-au-Change pour aller juger les pâles humains.

Le thermomètre de l'ingénieur Chevalier les glaçait avec douze degrés au-dessous de zéro.

Tous les déportés avaient envahi l'esplanade de la poupe, et ils contemplaient, dans un religieux silence, cette nature révélée spontanément, et qui les entourait de lumière, de parfums, de chaleur, d'harmonies, de caresses, sous un ciel tissu d'or et semé des arabesques de Dieu.

La mer, si orageuse la veille, ressemblait à une femme qui, après avoir soumis à de formidables épreuves son amant, le récompense par des trésors d'extases.

Toute la vie que la création porte en elle semblait pleuvoir du haut des mâts, et suivre les ailes du vaisseau, avec le murmure mystérieux qui s'exhale de toutes les lèvres de l'Océan.

Cette caresse immense qui étreint l'homme, dans une nuit des tropiques, acheva la résurrection de notre jeune déporté Maurice Dessains.

Il était là, lui aussi, spectateur enivré de toutes ces augustes merveilles.

Il se sentait vivre pour la première fois; il aspirait avec des lèvres altérées ce baume divin qui lui rendait la jeunesse avec ses joies intérieures et ses beaux rêves de long avenir.

Une voix humaine qui se serait élevée en ce moment eût été comme l'insulte de l'esclave au triomphe de Dieu.

Le chœur invisible des voix de la nuit chantait les grandeurs de la création, et aucune bouche n'osait interrompre l'hymne des étoiles et de la mer.

Ainsi s'écoulaient sur le pont du vaisseau ces premières heures de ravissement.

Nul, parmi les conviés, ne quitta la place de ce festin que Dieu servait à quelques hommes, et tous s'endormirent sous les tentes des mâts, en attendant que le soleil, avec le premier baiser de ses rayons, vînt les réveiller comme un officieux ami.

Maurice, en ouvrant les yeux, vit à son côté le jeune passager qu'il n'avait pu reconnaître la veille.

Et comme la familiarité s'établit naturellement tout de suite entre deux voyageurs sur mer, ils avaient échangé quelques phrases et s'étaient bientôt serré les mains, comme d'anciennes connaissances de Paris et de la rue Mesnars.

— Pauvre femme ! — dit Maurice, qu'elle doit souffrir ! Je viens de faire un rêve bizarre...

— Comme tous les rêves, dit Alcibiade.

— Il me semblait, poursuivit Maurice, que j'étais assis, là-bas, sur la corniche de la poupe, devant une mer qui charriait des étoiles, comme ces fleuves qui charrient des grains d'or. J'éprouvais une joie ineffable à sentir ma respiration libre et ma poitrine inondée de fraîcheur : c'est la première fois qu'un rêve me donne cette volupté. La voûte du ciel était sombre, comme si toutes les étoiles fussent tombées dans la mer. Je ne voyais rien, je n'entendais rien autour de moi, et je m'écoutais vivre avec délices, comme l'égoïste anachorète de l'Océan. Puis, après un intervalle dont l'horloge des rêves ne mesure pas la durée, j'ai prêté l'oreille à une voix douce qui montait de la mer et disait mon nom. Une femme, immobile comme une statue, s'est élevée lentement jusqu'à moi, comme si la mer l'eût aidée dans cette ascension. J'ai reconnu le visage de Lucrèce; son corps se perdait dans des nuages d'étoffes de toutes couleurs ; elle regardait fixement, et avec tristesse, le pont du navire, sans se tourner un instant vers moi; puis elle a étendu les bras, comme pour désigner du doigt quelque chose. Un cri aigu est sorti de ses lèvres, et ce cri m'a réveillé.

— Citoyen Maurice, dit Alcibiade, je vous trouve si bien portant ce matin, que je crois pouvoir, sans danger pour vous, causer de la belle Lucrèce, puisqu'elle vous poursuit encore dans vos rêves, et qu'elle prolonge la rue Richelieu jusqu'à l'équateur... Voyons, parlez-moi avec franchise, aimez-vous encore cette femme d'un amour sérieux?

— Est-ce que tout amour n'est pas sérieux, citoyen Alcibiade?

— Hélas! non, mon cher Maurice... Je crois que vous avez étudié profondément *le Contrat social,* la théorie d'Anacharsis Clootz et la Constitution de l'an VIII, mais que vous avez négligé l'étude de l'amour... On aime une femme de plusieurs manières. Nous l'aimons pour elle, pour nous, pour nos amis, pour nos rivaux, pour le public, pour notre orgueil, pour nos sens, pour ses vertus, pour ses vices, pour ses qualités, pour ses défauts, et quelquefois nous ne savons pas nous-mêmes pourquoi nous l'aimons. Maurice, excusez mon indiscrétion, elle a un but honorable, et vous en serez convaincu plus tard. Pouvez-vous me préciser la nuance d'affection qui vous entraîne vers Lucrèce, et vous fait tremper votre plume dans l'encrier du tropique pour lui écrire à la rue Mesnars ?

— J'aime Lucrèce comme Saint-Preux aimait Julie, comme Torquato aimait Eléonore, comme Chénier aimait Camille.

Je crois toujours qu'il n'y a pas deux manières d'aimer.

— C'est que, voyez-vous, citoyen Maurice, dit Alcibiade, je tiens à vous voir guéri radicalement à la poitrine et au cœur, au physique et au moral; c'est pour cela que je vous parle ainsi. Puis, si je suis content de vous, je vous promets une récompense que le roi le plus puissant ne pourrait vous accorder.

— Quelle récompense? — demanda Maurice, en ouvrant démesurément ses grands yeux noirs.

— Ah! c'est encore mon secret, trop curieux jeune homme... Avez-vous un frère ou une sœur?

— Non,

Dit tristement Maurice.

— Eh bien ! si je vous disais, si je vous prouvais qu'ici, à bord de ce navire, parmi cette colonie de passagers, vous avez un frère ou une sœur que je puis mettre dans vos bras à l'instant même, vous croiriez-vous récompensé ?

— Oh ! ne me donnez pas ces illusions cruelles, citoyen Alcibiade ; ne me parlez pas de récompenses impossibles ; je serai sincère avec vous sans condition.

— Lucrèce est votre premier amour ?

— Oui.

— Vous n'avez jamais aimé d'autre femme ?

— Jamais... Est-ce qu'on aime deux femmes dans sa vie, citoyen Alcibiade?

— Mais oui, assez souvent même.

— Quand on est veuf?

— Avant.

— A quel parti odieux ces hommes parjures appartiennent-ils?

— Au parti du genre humain.

— Alcibiade, vous calomniez!

— Quand on calomnie l'univers, on ne calomnie personne... Enfin, dites-moi, je vous prie, dites-moi quelle est votre opinion sur Lucrèce Dorio?

— C'est une femme digne de respect.

— Ah!

— Comment, ah!

— C'est juste, Maurice, j'ai eu le tort de faire cette exclamation. Un homme doit respecter toutes les femmes, et surtout celles qui veulent s'affranchir du respect. Ne faisons rougir personne de ses vices; cela décourage et empêche le retour à la vertu.

— J'aime à croire,

Dit Maurice d'un ton sec,

— Qu'aucune de ces paroles obscures ne regarde Lucrèce, et que vous ne faites aucune allusion...

— Oh! je parle en général,

Dit Alcibiade d'un ton léger.

— Le spectacle de la mer rend méditatif et sentencieux. Je laisse tomber des aphorismes dans l'eau.

— Citoyen Alcibiade, c'est moi, maintenant, qui vous demande de la franchise, et surtout de la clarté... Si j'étais sur le point d'épouser Lucrèce Dorio, et si je demandais un conseil à votre expérience et à votre amitié, que me répondriez-vous?

— Je vous répondrais sur-le-champ : Maurice, ne vous mariez pas.

— Et pourquoi?

— Parce qu'on ne doit jamais conseiller à un ami de se marier. Dans le mariage le plus pacifique, il y a toujours une tempête, comme celle que nous venons de subir, et alors on se brouille avec l'ami qu'on a conseillé ; quelquefois on se bat en duel avec lui, et on le tue pour s'éviter d'être tué ; cela s'est vu très-souvent.

— Alcibiade,

Dit Maurice avec impatience,

— Vous éludez mes questions avec un art diabolique... Voici la dernière que je vous fais : Vous connaissiez Lucrèce avant moi, que pensez-vous de cette femme sous le rapport de la conduite, du caractère et des mœurs ?

— Lucrèce est une femme adorable, et voilà son défaut capital ; c'est une déesse : voilà son tort. Si vous l'épousiez, elle ne vous demanderait pas un salon, elle exigerait un temple ; il faudrait mettre un piédestal dans sa corbeille de noces. Ce serait la coquetterie passée à l'état olympien. Après le mariage, on ne recevrait pas de visites, chez vous, mais des adorations ; les bouquets seraient des encensoirs ; les compliments, des hymnes ; les saluts, des génuflexions ; les plafonds, des coupoles. Son mari serait un grand-prêtre qui n'aurait jamais le loisir de regarder seulement en face la divinité, au milieu de la cohue d'adorateurs qui obstrueraient l'autel. Voulez-vous essayer du métier de pontife conjugal ; essayez, vous dirai-je, mais vous n'aurez pas assez de vos yeux pour surveiller tant de lévites et tant de chérubins acharnés contre votre repos de mari.

Maurice appuya son coude sur le parapet du navire et sa tête sur sa main, et parut absorbé dans ses réflexions.

— Alcibiade,

Dit-il, après une longue pause,

— J'aime trop cette femme pour examiner ce qu'il y a de faux ou de vrai dans le portrait que vous m'en faites. Je conviens cependant que tout ce que j'ai vu dans les habitudes intimes de Lucrèce donnerait quelque crédit à vos paroles, en faisant la part de leur exagération... Au reste, que suis-je en ce moment?... un malheureux ! un déporté ! un vagabond !... Est-ce bien le moment de songer à un avenir qui ne peut jamais être à moi?

— Voilà de la sagesse! dit Alcibiade... Voilà les bonnes réflexions qu'inspire le spectacle de la mer et de l'infini! La folie est un bagage qu'on laisse sur la terre... Et maintenant, je vous ai promis une récompense, et je teindrai ma parole... Maurice, la santé vous est revenue, et si vous avez de la tendresse et de l'amour à dépenser, je leur enseignerai une destination... Maurice, votre père est vivant, et vous le verrez!

En ce moment l'image de Lucrèce s'évanouit devant Maurice, et ses yeux, son visage, son geste exprimèrent un ravissement qu'aucune parole ne saurait rendre, aucun pinceau ne saurait saisir.

Il essaya de parler, mais il ne trouva rien d'assez digne pour exprimer l'allégresse qui éclatait dans son cœur.

— Maurice, ajouta Alcibiade ; quand le moment sera venu, je vous rendrai votre père. Ceci est un secret entre nous. Ayez foi en ma parole. On ne ment pas, quand une frêle planche vous sépare de l'abîme de l'Océan. Ce que je vous dis est donc la vérité. Pas un mot de plus. Descendez à votre cabine, et continuez-vous le repos salutaire de la dernière nuit.

Pendant cet entretien, un marin, assis au pied du grand mât, regardait, avec des yeux humides, le jeune Maurice, et ne perdait pas un de ses gestes et de ses mouvements.

C'était un père qui se *réjouissait de son fils*, comme la mère dont parle le Livre Saint (1).

(1) *Matrem filiorum lætantem.*

Mer calme, cœur agité.

XII.

La rencontre de Maurice et de Louise sur le pont de la corvette était inévitable, comme on le pense bien.

Il y eut d'abord, de part et d'autre,

une stupéfaction sans pareille, comme si deux morts se retrouvaient vivants.

Les demandes et les réponses se croisèrent entre leurs bouches avec une vivacité qui n'attendait jamais les dernières syllabes.

Louise mit pourtant plus de lenteur à expliquer sa trop mystérieuse présence à bord de ce navire.

Il est vrai que la candeur de Maurice était toujours prête à s'accommoder d'un motif quelconque, ce qui enlevait aux explications de Louise leurs plus scabreuses difficultés.

Au reste, Alcibiade, qui avait prévu cette rencontre, avait aussi dicté à Louise un rôle qui sauvait la délicatesse de la jeune femme, sans trop s'éloigner de la vérité.

Louise dit à Maurice que, dégoûtée de la vie depuis ses derniers malheurs, elle avait accepté les secours d'un parent, et qu'elle allait dans quelque colonie anglaise, où elle espérait vivre du travail de ses mains.

Cette rencontre portait avec elle son péril.

Maurice avait voué depuis longtemps à Louise une affection fraternelle, et, sans doute, il se refusait à l'idée d'élever ce doux sentiment à la hauteur de l'amour.

D'ailleurs, Louise était dans cette phase du veuvage où l'austère robe de deuil semble exclure toute profane affection.

Maurice se sentait donc à l'aise à côté d'une femme qu'il regardait plus que jamais comme sa sœur.

La rencontre se réduisait au bénéfice d'une liaison intime, mais chaste, commencée dans une mansarde et continuée sur le pont d'un navire.

C'était un incident providentiel qui allait adoucir les ennuis d'une longue traversée, à la plus grande satisfaction de tous deux.

Cette réflextion fut faite simultanément

par Louise et Maurice, tant elle était naturelle, et leur premier entretien ne roula que sur ce sujet.

Voyager ensemble, se voir tous les jours, assister au coucher du soleil, au lever des étoiles, au spectacle de l'Océan, aux manœuvres du vaisseau, associer enfin leur amitié mutuelle dans toutes les peines et toutes les joies que cette vie maritime leur promettait à tous deux.

Quel charme dans ce rêve qui, chaque jour, devait s'épanouir en consolante réalité !

Sidore Brémond et Alcibiade assistèrent de loin à cette première entrevue de Maurice et de Louise, et ils s'en réjouirent, en songeant qu'il y avait là une diversion heureuse dont le résultat, quel qu'il fût, devait amener la guérison morale de notre jeune déporté.

Aussi le père et l'ami se promirent-ils bien de favoriser par leur absence, et de toute autre manière, tous les développements de cette chaste union, de cette fraternelle amitié.

Il est vrai que le marin et Alcibiade, beaucoup moins candides que Maurice, hasardèrent sur le dénoûment une opinion qu'auraient partagée beaucoup d'hommes expérimentés.

L'*Églé* passait la ligne et voguait avec une lenteur qui ressemblait à l'immobilité.

Toutes les voiles avaient beau se cotiser pour recueillir un souffle, le souffle était mort.

Les longues flammes pendaient le long des mâts comme des peaux de serpents exposées au soleil par un naturaliste.

Le pavillon tombait lourdement de la poupe et traînait sa frange dans l'eau.

La mer ressemblait à une plaine de saphir toute coupée de lames d'or.

C'était comme un désert sans bornes sur lequel on s'attendait toujours à voir passer les étincelantes caravanes des ambassadeurs du soleil.

Une rosée de lumière flottait dans l'air et couronnait d'une auréole la cime des mâts, en distillant sur les toiles ses teintes splendides.

Cependant une fraîcheur suave montait de la mer au pont du vaisseau, comme l'éventail agité devant la face d'un émir.

Les matelots, dispensés du travail par la léthargie de l'Océan, dormaient sous les tentes avec une volupté qui se laissait lire sur leurs visages, et leurs lèvres ouvertes aspiraient au vol cette haleine exquise qui sortait, par intervalles, des profondeurs de la mer, entre deux horizons embrasés.

Louise avait adopté une place à l'écart, sur le pont, où elle s'occupait, par contenance, d'un travail à l'aiguille qui lui permettait de se livrer à toutes les distractions.

Sa toilette de bord brillait par une négligence adorable ; cependant, par une coquetterie si naturelle qu'elle était innocente, aucun des charmes de la jeune femme n'était perdu pour le plaisir des yeux.

La robe de serge noire s'échancrait très-bas, au dessous de la racine du col ; les manches absentes laissaient à découvert deux bras charmants, dont l'éblouissante nudité trouvait son excuse dans les ardeurs intolérables du tropique ; il était facile de voir que, toujours à cause du climat équinoxial, la jeune femme avait réduit son ajustement à sa plus indispensable simplicité ;

la robe accusait la beauté du corps, sans aucune fraude clandestine, ainsi que cela se voit, ou plutôt ne se voit point, dans les pays septentrionaux, où la rigueur du climat accumule les étoffes intérieures avec une menteuse profusion.

Au centre de ce foyer d'atmosphère lumineuse et flottante, aucun rayon n'était plus éblouissant que le visage de Louise, et l'azur du ciel de l'équateur n'était pas aussi doux au regard que la nuance de ses yeux.

Partout cette merveille de beauté gracieuse aurait commandé l'adoration ; mais, sur le pont d'un navire, dans ces zones, berceau de l'amour ; et sous l'obsession de ce démon du midi qui brûle le corps et l'âme, la beauté de Louise était un écueil plus terrible que le roc à fleur d'eau, relevé par Davis sur ces mêmes parages de l'équateur.

Maurice luttait avec insouciance devant ce péril, et à chaque instant, il s'apercevait que l'amitié courait risque de changer de nom, et que le doux mot de *sœur* qu'il adressait d'abord à Louise, se refusait à sortir de ses lèvres, comme un mensonge.

Un soir, au moment où le soleil couchant déchaînait une fraîche brise sur les voiles plombées du navire, Maurice dit à la jeune femme :

— Il me semble que le vent se lève, j'ai vu remuer les boucles de vos cheveux, et votre tête est immobile sur votre travail.

— Tant mieux !

Dit la jeune femme, en jetant un regard rapide par dessus le bord, et le ramenant à son aiguille.

Il serait temps de marcher un peu. J'ai une crainte qui va vous faire sourire, citoyen Maurice.

— Quelle crainte?

— Écoutez. Puisque notre vaisseau ne marche pas, il me semble qu'il pourrait se faire qu'il ne marchât plus. Le vent arrive de la terre, dit-on, et la terre est si loin, qu'il n'a pas la force d'arriver jusqu'à nous.

— Eh bien! dit Maurice, quel grand malheur voyez-vous à cela!

— Belle demande! Si le vaisseau ne marchait plus, faute de vent, nous serions obligés de passer toute notre vie en pleine mer.

— Je ne demande pas mieux, — dit Maurice en souriant, — jamais je n'ai connu un monde meilleur que celui qui m'entoure. Ce vaisseau est le seul endroit habitable que je connaisse. Mes jours heureux ont commencé ici, entre les deux tropiques. En débarquant que trouverai-je? A coup sûr ce que j'ai quitté à mon départ, c'est-à-dire des hommes, des passions, des haines, des vengeances, enfin cette chose inhumaine qu'on appelle l'humanité. Ici je ne désire, je ne redoute rien. Je suis content de la veille, et si je ne la regrette pas aujourd'hui, c'est que je suis sûr qu'elle recommencera demain. J'aimerai cette petite brise, tant qu'elle jouera, comme un doigt invisible dans la soie d'or de vos cheveux ; mais je ne l'aimerai plus si elle monte aux voiles de ce vaisseau.

— Parlez-vous sérieusement, citoyen Maurice ! Vous consentiriez à rester ici, comme dans une île plantée de trois mâts, sans voir autre chose que les oiseaux de passage, qui se perchent sur les vergues et disparaissent quand ils se sont reposés?

— Oh! certes, oui, j'y consentirais de grand cœur. Je suis prêt à signer un bail perpétuel. J'ai pris à bord de si douces habitudes, que mon cœur se déchirera quand il faudra les quitter.

— Quelles habitudes? — demanda Louise avec une naïveté qui commençait à se faire fausse.

— Mais il me semble que vous les connaissez, — dit Maurice avec une voix qui commençait à se faire émue; — je passe toutes mes journées auprès de vous, et je n'ai même jamais donné un regard à ces oiseaux de passage dont vous venez de me parler.

— Citoyen Maurice, — dit Louise en souriant, — regardez là-haut... le vent monte aux voiles. Les flammes remuent. Il y a de petites rides sur la mer. Votre désir ne sera pas exaucé. Je sens que nous marchons. Voyez comme l'eau change de couleur... Regardez donc, citoyen Maurice, le soleil qui nous fait ses adieux... Vous n'aimez donc pas voir le coucher du soleil aujourd'hui ?

— Non.

— Quel non sec !... et pourquoi, citoyen Maurice ?

— Parce que la nuit va tomber, et qu'un ordre du capitaine veut que les passagères descendent à l'entrepont quand la nuit est venue... Si, au moins, il y avait ici, comme partout, un long crépuscule; mais la nuit tombe lourdement sur la ligne de l'équateur avec le dernier rayon du jour.

— Y a-t-il une raison pour cela ? — demanda Louise en feignant de n'avoir pas saisi le côté mystérieux de la colère de Maurice contre la nuit.

— La science trouve toujours des raisons pour expliquer les phénomènes, et quand la science a vu qu'il n'y avait pas de crépuscule sous l'équateur, elle a prouvé qu'il ne devait point y en avoir.

— Voilà la nuit !

Dit Louise en se levant avec vivacité.

— Vous descendez, Louise?

— Il le faut bien... toutes les passagères ont déjà disparu... Adieu, citoyen Maurice, à demain.

— Adieu, Louise... maintenant je vais regarder les étoiles, puisque je n'ai plus rien à regarder sur le pont.

Maurice ne resta pas longtemps dans l'attitude de contemplation qu'il avait prise après le départ de la jeune femme ; une main tomba sur son épaule ; il se retourna et vit Alcibiade, habillé de blanc de la tête aux pieds, comme un planteur.

— J'ai travaillé tout le jour dans ma cabine — dit Alcibiade avec un sérieux forcé — et je viens respirer aux étoiles un instant avec vous.

— C'est vrai ! — dit Maurice avec embarras — je ne vous ai pas rencontré une seule fois, il me semble, sur le pont. De quoi vous occupez-vous ?

— Oh ! d'une bagatelle... d'un mémoire que je veux envoyer à l'Académie des sciences.

— Un mémoire sur quoi ?

— Sur le phénomène de l'eau de l'Océan, dans les régions de l'équateur.

— Vous avez remarqué un phénomène ? Demanda naïvement Maurice.

— Oui, et depuis trois jours ce phénomène m'absorbe. J'ai découvert que l'eau sur laquelle nous marchons ou pour mieux dire sur laquelle nous ne marchons pas, est une eau presque douce, et qu'elle n'a ni bitume ni sel. J'en ai causé avec le capitaine, qui ne sort jamais de sa chambre, lui, et le capitaine m'a dit que demain nous nous enfermerions dans le laboratoire de chimie, et que nous soumettrions à une analyse minutieuse dix pintes d'eau de mer. Voulez-vous assister à cette expérience, Maurice? cela vous amusera sans doute; que diable! il faut bien faire quelque chose pour charmer l'ennui de ce calme plat.

— Mais, — dit Maurice, toujours plus embarrassé, — je suis très-ignorant de ces choses-là... Je ne vous serai pas d'une grande utilité... Ennui pour ennui, j'aime mieux m'ennuyer sur le pont que dans un laboratoire.

— Au fait, vous avez raison, Maurice. Moi, j'ai commencé, il faut que j'aille jusqu'au bout. J'aurai terminé mon mémoire après-demain, et ensuite... ensuite — ajouta-t-il d'un air épanoui et en se frottant les mains, — je me livrerai à un amusement pour me récompenser de mon travail.

— Ceci est plus acceptable, dit Maurice.

— Ah! justement, poursuivit Alcibiade, c'est la seule chose où je refuse un associé.

— Laissez-moi réfléchir, citoyen Alcibiade.

— Épargnez-vous la peine de réfléchir sous l'équateur, il fait trop chaud. Je vais vous dire la chose... Maurice, laissez-moi vous dire deux mots, bien bas à l'oreille.. J'ai découvert au fond de mon cœur, le premier germe d'une passion.

— Dans quel genre ?

— Genre féminin ! belle demande ! connaît-on une autre passion, à mon âge, et sur le domaine de Vénus Aphrodite, pour parler encore un peu la langue du Directoire défunt...

— Vous avez un amour à bord ? — dit

Maurice, avec une émotion qu'il ne s'expliquait pas bien.

— Oui.

Maurice trembla et s'affermit sur ses pieds, comme si le tangage et le roulis l'eussent pris à l'improviste, après le calme plat.

— Ah! vous aimez une femme du bord! — dit-il en riant faux.

— Que voulez-vous, — poursuivit Alcibiade, en se dandinant comme un marquis de comédie, — il faut bien que j'en finisse avec l'ennuyeuse vie de garçon! La révolution m'a forcé d'être une antithèse vivante, j'accepte mon destin. Je suis né gentilhomme et la République m'a fait roturier; je suis né riche et la banqueroute m'a ruiné; je suis né Parisien et la fantaisie va me faire Malgache; je suis né célibataire, il faut que l'amour me fasse mari.

— Vous vous mariez! dit Maurice toujours plus agité.

— A l'arrondissement de Madagascar, c'est décidé. Ce sera un antithèse de plus. Je ne suis pas veuf, et j'épouse une veuve.

— Une veuve! — répéta Maurice comme un écho sépulcral; — il y a donc des veuves ici?

— Il y a des veuves partout. Ce n'est pas une veuve du Malabar que je veux épouser! mais une blanche blonde, une Européenne charmante comme la douceur, belle comme la grâce, divine comme la volupté. Je vous dirai son nom demain. Adieu ; je vais travailler à mon mémoire sur la nature des eaux de l'Océan équinoxial.

Maurice, foudroyé de stupeur, s'incrusta sur la poupe du vaissesu, où il resta immobile comme la poulaine voisine qui figurait l'*Eglé*.

FIN DU PREMIER VOLUME.

Coulommiers. — Imprimerie de A. Moussin.

NOUVEAUTÉS EN VENTE

LES CONFESSIONS DE MARION DELORME
PUBLIÉES PAR EUGÈNE DE MIRECOURT,
Précédées d'un coup d'œil sur le siècle de Louis XIII, par Méry.

BALZAC.

Le Provincial à Paris.	2 vol.
La Femme de soixante ans.	3 vol.
La Lune de miel.	2 vol.
Petites Misères de la vie conjugale.	3 vol.
Modeste Mignon.	4 vol.

CLÉMENCE ROBERT.

Les Mendiants de Paris.	5 vol.
Le Tribunal secret.	4 vol.
Le Pauvre Diable.	2 vol.
Le Roi.	2 vol.
William Shakspeare.	2 vol.
Mandrin.	4 vol.
Le Marquis de Pombal.	1 vol.
La Duchesse d'York.	1 vol.
Les Tombeaux de Saint-Denis.	2 vol.
La Duchesse de Chevreuse.	2 vol.

EMMANUEL GONZALÈS.

Mémoires d'un Ange.	4 vol.
Les Frères de la Côte.	2 vol.
Le Livre d'Amour.	2 vol.

HENRY DE KOCK.

La Course aux Amours.	3 vol.
Lorettes et Gentilshommes.	5 vol.
Le Roi des Étudiants.	2 vol.
La Reine des Grisettes.	2 vol.
Les Amants de ma Maîtresse.	2 vol.
Berthe l'Amoureuse.	2 vol.

ÉLIE BERTHET.

Le Nid de Cigogne.	3 vol.
Le Braconnier.	2 vol.
La Mine d'or.	2 vol.
Richard le Fauconnier.	2 vol.
Le Pacte de Famine.	2 vol.

ROLAND BAUCHERY.

Les Bohémiens de Paris.	2 vol.
La Femme de l'Ouvrier.	2 vol.

Mme CHARLES REYBAUD.

Thérésa.	2 vol.

PIERRE ZACCONE.

Le Dernier Rendez-Vous.	2 vol.

MÉRY.

Le Transporté.	2 vol.
Un Mariage de Paris.	2 vol.
La Veuve inconsolable.	2 vol.
Une Conspiration au Louvre.	2 vol.
La Floride.	2 vol.

PAUL FÉVAL.

La Femme du Banquier.	4 vol.
Le Mendiant noir.	3 vol.
La Haine dans le Mariage.	2 vol.

MOLÉ-GENTILHOMME.

Les Demoiselles de Nesle.	3 vol.
Le Château de Saint-James.	4 vol.
Marie d'Anjou.	2 vol.
La Marquise d'Alpujar.	1 vol.
Le Rêve d'une Mariée.	2 vol.

AMÉDÉE ACHARD.

Roche-Blanche.	2 vol.
Belle Rose.	5 vol.
La Chasse royale.	4 vol.

MICHEL MASSON.

Les Enfants de l'Atelier.	1 vol.
Le Capitaine des trois Couronnes.	4 vol.
Les Incendiaires.	4 vol.

SAINTINE.

La Vierge de Fribourg.	1 vol.

LÉON GOZLAN.

La Dernière Sœur grise.	1 vol.

P.-L. JACOB.

Mémoires de Roquelaure.	7 vol.

ROGER DE BEAUVOIR.

L'Abbé de Choisy.	5 vol.
Mémoires de Mlle Mars.	2 vol.

EUGÈNE DE MIRECOURT.

Madame de Tencin.	2 vol.
La Famille d'Arthenay.	2 vol.

SAINT-MAURICE.

L'Élève de Saint-Cyr.	2 vol.

www.ingramcontent.com/pod-product-compliance
Lightning Source LLC
Chambersburg PA
CBHW060657170426
43199CB00012B/1831